LINCOLN

U0570412

Tujie Tianxia
Mingren Congshu

图解天下名人丛书　　本书编写组◎编

林肯

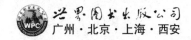

世界图书出版公司
广州·北京·上海·西安

图书在版编目（CIP）数据

林肯/《图解天下名人丛书》编委会编．—广州：广东
世界图书出版公司，2009.9（2024.2 重印）
（图解天下名人丛书）
ISBN 978 - 7 - 5100 - 0701 - 9

Ⅰ．林… Ⅱ．图… Ⅲ．林肯，A.（1809～1865）—传记—
画册 Ⅳ．K837.127 - 41

中国版本图书馆 CIP 数据核字（2009）第 146780 号

书　　名	林肯	
	LINKEN	
编　　者	《图解天下名人丛书》编委会	
责任编辑	柯绵丽	
装帧设计	三棵树设计工作组	
出版发行	世界图书出版有限公司　世界图书出版广东有限公司	
地　　址	广州市海珠区新港西路大江冲 25 号	
邮　　编	510300	
电　　话	020–84452179	
网　　址	http://www.gdst.com.cn	
邮　　箱	wpc_gdst@163.com	
经　　销	新华书店	
印　　刷	唐山富达印务有限公司	
开　　本	787mm × 1092mm　1/16	
印　　张	13	
字　　数	160 千字	
版　　次	2009 年 9 月第 1 版　2024 年 2 月第 10 次印刷	
国际书号	ISBN　978–7–5100–0701–9	
定　　价	59.80 元	

前　言

　　亚伯拉罕·林肯（Abraham Lincoln，1809～1865），美国第十六任总统。他是美国伟大的民主主义政治家，也是世界历史中最伟大的人物之一，他拯救联邦并结束美国奴隶制度。

　　1809年2月12日，林肯出生在肯塔基州哈丁县，父母是社会低层，是具有勤劳、俭朴、谦虚和诚恳品格的英国移民后裔。1816年，林肯全家迁至印第安纳州西南部，他们以种田和打猎为生。9岁时，林肯的母亲去世。一年后，父亲与一位寡妇结婚。继母慈祥勤劳，一家人生活得和睦幸福。林肯自幼参加劳动，做过雇工、乡村邮递员等工作，此后步入政坛。林肯学习刻苦，品德高尚，为人善良，做事谨慎而又坚定，得到人们的赞赏。

　　林肯说："我一生中进学校的时间，加在一起总共不到一年。"但他勤奋好学，一有机会就向别人请教；没钱买纸笔，他就在土沙地上和木板上练习写字；他放牛、砍柴、挖地时怀里也总揣着一本书；休息的时候，一边啃着粗硬冰凉的玉米饼子，一边津津有味看书。晚上，他常在小油灯下读书读到深夜。长大后，林肯离开家乡独自一人外出谋生，他什么活都干，但始终没忘记学习，他抓紧一切空闲时间刻苦自学，攻读历史、文学、哲学、法学等著作，获得了丰富的知识。

　　林肯青年时期就痛恨奴隶制度，因为他当水手时，多次运货到南方，亲眼目睹了奴隶主的野蛮残暴和黑奴遭到的残酷折磨。他当了议员之后，经常发表演讲，抨击蓄奴制，在群众中很有影响。林肯的一生充满了艰辛和坎坷，是在接踵不断的磨难中度过的。挫折是他生活的主旋律，抑郁是他个人的大敌。但林肯还是挺了过来，直到最后一刻！

　　林肯入主白宫后，政界发生倾轧，国家出现分裂，在奴隶制等问题上，他遇到了很多困难。日常工作中，他不顾个人安全，每天挤出大量时间接见群众，听取申诉，尽力解决他们的问题。在他任职期间，由于各种反动势力的影响，他在政策上有过踌躇和动摇，但在人民群众的支持和推动下，能够顺应历史潮流。在四年国内战争中，他亲自指挥作战，领导联邦政府同南部农场奴隶主进行了坚决斗争，维护了国家的统一，有力地推动了美国社会的发展。由于林肯在美国历史上所起的进步作用，人们称赞他为"新时代国家统治者的楷模"。

林肯主张反对黑人奴隶制，领导了被称为继独立战争之后的美国第二次资产阶级革命——美国南北战争。林肯成为黑人解放的象征。战争初期的妥协政策一度造成北方失利，林肯在人民的推动下颁布了《宅地法》和《解放宣言》，解决了当时美国社会经济政治生活中存在的主要矛盾，扭转了时局，促使北方最终取胜。但奴隶主却对他万分仇恨。1865 年 4 月 14 日晚，他在华盛顿福特剧院观看演出时突然遭到枪击，次日清晨与世长辞。

林肯同情黑人的悲惨处境，反对并希望逐渐废除野蛮的奴隶制度。这也是他能够当选总统的重要原因之一。林肯一生中经历过无数次改变其命运的失败和挫折，但是他最后改变了美国的历史。

林肯由于在内战的最危急关头，能够顺应广大人民群众的要求，以革命的方式摧毁奴隶制，并解决人民对土地的要求，因而推动了美国资本主义的发展，为维护国家统一和解放黑人奴隶做出了重要贡献，受到后人尊敬，成为继华盛顿之后美国历史上最杰出的资产阶级政治家。

人们怀念他的正直、仁慈和坚强，他一直是美国历史上最受人景仰的总统之一。他那敏锐的洞察力和深厚的人道主义意识，使他成了美国历史上最伟大的总统。

革命导师马克思高度地评价林肯，说他是一个"不会被困难所吓倒，不会为成功所迷惑的人，他不屈不挠地迈向自己的伟大目标，而从不轻举妄动，他稳步向前，而从不倒退；……总之，他是一位达到了伟大境界而仍然保持自己优良品质的罕有的人物"。

目录

拓荒者的脚步

追求自由的天地 …………… 2

不断地向西前进 …………… 9

勤奋的开拓者 …………… 15

森林里的学校 …………… 21

母亲去世 …………… 23

天使般的母亲 …………… 28

小木屋的少年

迈入新生活 …………… 32

旺盛的求知欲 …………… 36

借火炉之光读书 …………… 43

船夫生涯 …………… 45

奴隶市场 …………… 54

林肯
Linken

目录

爱与正义的斗士

正人君子 ⋯⋯⋯⋯⋯ 62

邮政局长兼测量师 ⋯⋯ 70

四度竞选州议员 ⋯⋯⋯ 77

邂逅玛莉·特多小姐 ⋯ 79

乡下律师 ⋯⋯⋯⋯⋯ 83

废止奴隶制度运动 ⋯⋯ 93

目睹奴隶制的罪恶 ⋯⋯ 96

汤姆叔叔的故事 ⋯⋯⋯ 98

大总统林肯

两度落选 ⋯⋯⋯⋯⋯ 105

历史性的论战 ⋯⋯⋯ 111

提名竞选总统 ⋯⋯⋯ 117

当选总统 ⋯⋯⋯⋯⋯ 121

"政治自杀" ⋯⋯⋯⋯ 124

暗杀计划 ⋯⋯⋯⋯⋯ 128

以微笑面对一切 ⋯⋯ 139

目录

南北战争与解放奴隶

战火弥漫 ………………… 146

格兰特将军 ……………… 151

解放黑奴宣言 …………… 153

卓越的领导才华 ………… 163

再度连任 ………………… 167

林肯属于一切时代 ……… 173

悲哀的结局 ……………… 176

林肯年表 ………………………………………… 182

拓荒者的脚步

我不一定会胜利，但定会真诚行事。我不一定会成功，但会保持一贯的信念。我会与任何正直持平的人并肩而立。他对的时候，我会给予支持；他错的时候，我肯定会离他而去。

——林肯

追求自由的天地

亚伯拉罕·林肯于 1809 年 2 月 12 日诞生于美国的肯塔基州。

提到"肯塔基",就会令人想起福斯特所做的那首动听的世界民谣《肯塔基老家》。但是,在林肯出生时,这里还是一片荒凉的开垦地。

美国的东部,滨临大西洋,包括弗吉尼亚州及宾夕法尼亚州等在内,早在北美十三州仍为英国殖民地时,就有许多来自欧洲的移民在此开垦。

这块平原的西侧,有东北—西南走向的阿利根尼山脉,虽然称不上是高山,但山脉的东侧却以险峻、景色宜人而名闻遐迩。

美丽的肯塔基州

山脉的西侧有一片辽阔的高原，一直延伸到密西西比河的大平原，此地就是肯塔基州。

19世纪初期，在这个州的东方内陆，有一个叫做"哈定"的郡，虽然称之为郡，但其只不过比一般村落稍微热闹一点而已。在这个城镇附近，有一片辽阔的原始森林。

住在这里的人，大部分务农，郡中的许多商店，都贩卖杂货、农具、衣服、食品等，可说是应有尽有，而且，这种商店多数坐落于房子稀疏的路旁。

早期的移民，砍伐原始森林，开垦成小块的耕地，过着孤寂的生活。 后来，因为移民的不断增加，所以这里不仅设立了学校，而且也建造了简陋的教堂。

每逢礼拜天，人们都会前往教堂听牧师布道。

当时的学校并未受到大多数人的重视，为了帮忙农事，大人们往往不让孩子上学，何况大部分的孩子也不喜欢读书。

亚伯拉罕·林肯诞生于哈定郡附近一个叫诺林克里克的开垦地，而且

林肯出生的小木屋

是在一间称不上是家的破陋小屋内呱呱坠地的。

从林肯的画像上，我们可以发现他有着极为削长的面孔，额头上深深地刻画着的皱纹，象征他饱经沧桑。 他的眼神，看起来有点孤独，不过嘴边却经常浮现温和的微笑。

他丝毫没有官架，就像那些在田里工作的农夫一样，慈祥而朴实。

林肯身材魁梧，腕力强劲，而且像一般干粗活的人一样，手

特别大，所以与他握过手的人，都对他那强有力的手留下深刻的印象。

林肯和大多数的新大陆开拓者一样，具有不屈不挠的奋斗精神，以及在艰苦环境下锻炼出来的健康体魄，所以能在人生旅途上，坚强、自立地向前迈进。

尽管他在青少年时代一直过着极其艰苦的生活，然而，他那率直的本性及强健的身体，却未遭受丝毫的损伤。

林肯的神情

要叙说林肯的一生，我们就得先了解这片新大陆的历史。

林肯出生的时代，适逢美国即将步入强国之列。 美利坚合众国自 1776 年脱离英国独立以来，已经过了 30 余年，最初的版图只有今天的 1/8。

北美本是英国的殖民地，最早的一批英国移民于 1585 年抵达。 这已是哥伦布（1451～1506）发现新大陆 90 年以后的事情了。

率领这批移民团前来的，就是欧塔·罗里（1552～1618）。他们在现在华盛顿南方的海岸登陆，并把这块土地命名为弗吉尼亚。 他们不辞辛劳，一心一意地想在此建立殖民地，却不幸失败。 这是因为这批移民缺乏在此建立久居之地的坚强意志。

至于比英国人更早抵达新大陆的西班牙人及葡萄牙人，情况也都是如此。

当哥伦布发现大西洋沿岸的新大陆时，西班牙一些喜爱冒险的人，纷纷横渡大西洋前来。 在哥伦布发现新大陆的 21 年后（1513），巴波亚（1475～1517）也横渡巴拿马地峡，抵达太平洋岸。

在同一时期，以可尔特斯为首的一群亡命之徒，也凭借武力，把墨西哥犹加敦半岛的马雅帝国歼灭了。此外，毕撒浴也征服了南美秘鲁的印加帝国。

马雅及印加人都具有相当卓越的文化，可是葡萄牙的冒险家却蔑视这些。他们一味破坏皇宫和神殿，目的只在抢夺金银珠宝。

后来，当西班牙人知道这些国家蕴藏着丰富的银矿后，就陆续前来，驱使当地土著人大量采掘银矿，以便运回本国。因此，西班牙变成欧洲最富有的国家。

英国是一个岛国，也是一个不畏海洋的航海民族，可是对于向海外扩展势力方面，在当时却显得落后些。直到16世纪末期，伊丽莎白女王一世即位之后，才开始向海外扩展。英国的海盗活跃在大西洋上，经常袭击西班牙及葡萄牙的船只，抢夺船上的金银财宝。英国也像西班牙及葡萄牙一样，想拥有广大的殖民地，然而，葡萄牙已占领东方国家，西班牙的势力则遍及中美洲及南美洲，仅剩下欧塔·罗里所发现的北美洲尚未被任何国家占领。

罗里率领的那群人，也像西班牙人一样，想寻找银矿，以图一本万利。不过弗吉尼亚一带根本没有金、银矿，只有一片被原始森林覆盖的大平原。

于是，他们不得不去砍伐森林，开垦土地，然后，试图栽植菸草。可是，对梦想成为暴发户的人来说，这实在是件苦差事，因生病倒地的人、意志动摇的人愈来愈多，而且菸草的栽培也不顺利，所以到了第四年，就不得不放弃开拓事业了。

18年后，又有无数英国人来到弗吉尼亚。这批移民是由约翰·史密斯率领的。他们不像过去的移民那样一心只想致富，相反的，他们想在此永远定居下来。

对来自文明国家的人来说，在野兽及印第安人的威胁之下，要砍伐原始森林开辟土地，需要相当强的毅力。而这些人都能将遇到的困难一一克服，终于建立起一个久居之地。

满载希望的"五月花号"

1620 年，在弗吉尼亚的东北方（目前马萨诸塞州的朴茨茅斯海岸），出现了一艘破旧的帆船。这艘船叫做"五月花号"，载着来自荷兰的 102 名英国人。

自古以来，英国人就信仰基督教。亨利第八与罗马教皇不睦，自创英国国教派，脱离了基督教而独立。到了 16 世纪末期，马丁·路德（1483～1546）改革宗教后，新教传到了英格兰，受到许多英国国教派教徒的支持，于是改信新教的人与日俱增。

马丁·路德始终反对过于重视仪式、强迫信徒迷信的基督教，他主张发自内心的虔诚信仰。

当时的英国，信仰旧教的多半是贵族；而新教却普及于一般的民众之间。信仰新教的人认为，在神的面前是没有身份差别的，任何人都可以信仰神，在神的面前人人平等。信徒应该始终具有虔诚的心，谨言慎行，彼此互相关爱。

为了拥有虔诚之心，他们也主张务必戒除烟酒和奢侈的享乐，否则将会陷于堕落之渊。换句话说，他们的理想就是过着简朴的生活，并且一边祈祷，一边工作。这种追求心灵清静的英国新教徒，又被称为清教徒。

这些教徒一直反对以国王为中心的贵族政治，所以遭致以英皇为首的英国国教派的迫害，无法在英国立足，只好成群结队地逃往荷兰。而搭乘"五月花号"前来新大陆的，正是这些清教徒。

在朴茨茅斯海岸登陆的人当中，也有一些是非清教徒，不过大家都能同心协力地为开创未来的生活而努力。只见大家围成一个圆圈，完全没有尊卑之分，充分地表现出所有的人都是自由平等的清教徒理想。紧接着，他们就开会讨论大家的共同问题，或者以选举方式选出能为大家解决困难的领袖人物。这是当时欧洲旧社会中没有的开明风气。

"五月花号"上的人就在虔诚的信仰之下求生存，每天过着一边祈祷,一边工作的简朴生活。他们建筑圆木小屋、砍伐森林、开垦耕地,把本来是野兽栖息的荒地,改成理想的家园。他们深信,凡是有坚定信仰的人,必能克服任何困难,开拓光明的远景。

当其他地区的清教徒得知"五月花号"到达新大陆后的情形时,无论身在荷兰或英国本土的清教徒,都陆续越过大西洋前来新大陆。

如今的波士顿一带,当时就在这种情况下变成英国殖民地,并被称为新英格兰。来到新大陆的英国人与西班牙人那种抢夺当地住民金银财宝的作风不同,他们是想在那儿生根,因此都竭力地开垦荒地,辛勤耕种。

五月花号

这是造成日后英国殖民地繁荣的原因之一。尤其是"五月花号"上的那些深信自由平等精神的人,更被后来北美的移民所承袭。

此后,原本在新大陆及东方国家活跃一时的西班牙及葡萄牙侵略者,就逐渐势微了。相反的,英国则以惊人的速度日渐茁壮。

当时,英国的船只频繁地活跃在大西洋及印度洋之间。接着,海洋国家的荷兰,也仿效英国人的模式向东方国家及新大陆谋求发展,终于在现在的纽约一带,开发了又一个殖民地。

看到英国及荷兰在新大陆发展的情形,法国人也不甘示弱,开始向目前加拿大的魁北克地区移民。

然而,法国人的作风依然与西班牙人相似,他们的目的在于收集大量兽皮运回欧洲牟利。

北美的英国殖民地,并不是靠英国政府的力量开发的,到了17世纪,英国政府才试图采取行动,把这块土地纳入英国的版图。不久,

林肯
Linken

由荷兰人在纽约所开发的新阿姆斯特丹港，也被英军占领了。

这个时候，英国又出现了一个叫做教友派的新教。1682年，教友派的信徒分别搭乘数艘船只，抵达纽约港。这是前所未有、人数最多的一次移民。后来，他们在纽约西南方的一片原始森林中，开发了一个新的殖民地。

率领这群人前来的威廉·宾（1644～1718），盼望能够在此建立一个大家都具有同样信仰的和平村落。经过一番努力，他们的愿望实现了，英国女王将这块殖民地赐名为"宾夕法尼亚"，是取自威廉·宾的名字，意思是"宾的森林"。

正如清教徒视波士顿为根据地一样，教友信徒也以费城为中心，且渐渐扩展到目前的宾夕法尼亚地区。

于是，英国人就在北美的东海岸地区生了根。

不容忽略的事实是：无论清教徒或教友派教徒，他们都是凭着坚定的信仰及意志，才顺利开发蛮荒的地区，建立一个安适的生活场所。

即使后来的物质文明很发达，这些人刻苦奋发和热爱自由的精神，仍然一直被承袭下来，成为美国人民的优良传统。

中国指南针的外传，欧洲造船业和航海术的发达，为远洋航行和开辟新航路提供了条件。其中最先取得发展的是葡萄牙人，他们的船队向东航行；其次是西班牙人，他们另辟海途，转而西航。

1486年，航海家哥伦布向西班牙国王提出一个大胆的主张，认为按照地圆说，从大西洋向西航行，可以到达中国和印度。这要比东航更近。1492年4月，女王伊萨伯拉与其丈夫斐迪南国王采纳了他的建议，派他以王室名义寻找通向东方的航路，并授予他

发现新大陆

"海军大将"军衔，预封他为"新发现土地"的"世袭总督"。

1492 年 8 月 3 日拂晓，哥伦布 3 艘帆船、87 名水手从巴罗斯港出发，69 天后到达巴哈马群岛，他取名为"圣萨尔瓦多"（意为"救世主"）。他以为这就是印度，故而把土民称为"印第安人"。船队继续向南，到达古巴和海地。在那里，他没找到黄金和香料，只看到一些十分落后的又原始的野蛮人与丛林。1493 年 3 月 15 日，哥伦布离开西印度群岛返回西班牙。以后，他又 3 次西航到美洲，陆续发现了牙买加、波多黎各、多米尼加等，并到达中美洲的洪都拉斯和巴拿马等地，为西班牙人的殖民事业打下了基础。但直到临死，哥伦布一直以为他所发现的是亚洲边缘地区，而不知道那就是"新大陆"。

不断地向西前进

开拓者的生活，可说是坚苦卓绝。他们砍伐森林，建造简陋的圆木小屋，在已开垦的耕地上种植玉米，可是收成并不好。

男人们只要有时间，就要到森林狩猎，因为鸟和兽肉是他们最重要的食物。

无论衣服或鞋子，都是用兽皮自行缝制的。盘子、刀、叉等，也要自己动手制作。他们用打火石起火，然后在地炉上烹调食物。

每当棉花采收时，人们就把它纺成纱，织成布，并且用自己制造的针缝成衣服。妇女们除了要制作蜡烛及奶油外，还要腌渍肉类及饲养家畜，无论男女，都没有空闲的时间，他们如果偷懒一天，当天的生活就会成问题。

森林中有无数的鸟类和野兽，所以食物不虞匮乏。偶尔，人们也会遭受熊或美洲狮等猛兽的袭击，而造成人畜伤亡的事件；然而，比猛兽更可怕的，却是当地的印第安人。

早在很久以前，就有褐色皮肤的人种居住在这片辽阔的土地上，欧洲人抵达此地之后，就称这些人为印第安人。

他们把辽阔的森林和草原当成自己的财产，他们视爱好自由和平的移民为侵略者。

当移民愈来愈多、开垦的土地愈来愈广时，印第安人的生活场所也相对愈来愈小了。正如名著《摩比肯族的末日》

印第安人

所叙述的一样，印第安部族的生活日益艰苦，而且已逐渐被逼上绝灭之途了。

随着新英格兰、宾夕法尼亚及弗吉尼亚的开拓，来自英国本土的人愈来愈多。

不仅是英国人，来自荷兰等北欧各国的移民，也逐年增加，出入的船只频繁，使纽约港显得格外拥挤。

在这依旧保持大自然原貌的新大陆，到处充满生机，到处都是等待人们前来开发的乐土。因此，向往自由天地以及因破产而无法谋生的人，都陆续渡过大西洋，前来这一片待开发的土地。

从英国人开始移民以来，大约经过130年后，纽约、波士顿及费城，都已发展成相当繁华的城市。森林中的开拓地，已不再是荒凉的村落，除非极其贫穷的人，否则没有人肯居住圆木小屋了。此外，在弗吉尼亚栽培的菸草也获得丰收，能够运回英格兰本土贩卖了。

于是，在年轻的一辈中，产生了一股开发新土地的热潮。

他们放弃已经能够顺利过活的村落，又迁移到另一块尚未开发的土地上去。

他们想要体验祖父或父亲创业垦荒的生活，何况，广阔无边的大自然，总是遥遥地向年轻人招手表示欢迎。

这些拓荒者通常是由几个家族组成一个团体（有时仅由一个家族组成），他们为了寻找新土地，而作持续半年或一年的长期旅程。

成千上万的拓荒者向西行进

女人及小孩子都搭乘篷车，男人则骑在马背上，一边赶着数十头的牛或羊，一边由森林到草原，或者由草原到森林继续向西前进。

太阳西沉前，他们就把四五辆篷车围成圆形，将家畜包围住。在途中捕获的火鸡、鸽子及鹿等，就是晚餐的佳肴。男人们则燃起熊熊的营火，担任守夜的工作。

这种旅程多半是在春天到夏天之间进行。这个时候，原野上盛开着花朵，河中也有成群的鲑鱼。

然而，目的地的情况如何，却不得而知，他们唯有继续地前

林肯
Linken

进，前进。

在漫长的旅途中，一旦发现有野兽栖息的土地时，就在那儿兴建小屋，当时的那种快乐，实在是难以形容。

像水往低处流一样，人们一窝蜂地向未开发的森林或草原扩展。目前的南北卡罗来纳州的平原，就是这些开拓者血汗的成果。

他们以人定胜天的毅力，在这片广阔无边的未开发的土地上，不断地向西前进，只要有土地就有希望。这种西进的精神，后来就汇聚成美国人民的气质，以及美国社会不断进步的原动力。

当英国移民从北美不断地向西部地区扩展之际，抵达加拿大北部的法国人，也不断地向内陆推进。

如前文所述，加拿大的法国人多数是兽皮商人，为了收购兽皮就必须与印第安人进行交易，所以这些人也称得上是冒险家。

这些法国人大都沿着圣罗伦斯河上游前进，而抵达五大湖区。

当时，有一位既是商人也是探险家的拉萨尔（1643～1687）横渡密西根湖，在抵达其南方的大平原时，发现了一条水源丰富的河川，于是请印第安人划船顺着河流南下。

沿途中，河面愈来愈宽，这就是流经北美中部大平原的密西西比河。

1682年，拉萨尔终于抵达河口，然后，向大家宣布："密西西比河及其支流流域，都是法国的领土。"

可是，在这块相当于整个欧洲面积的辽阔土地上，却没有一个法国人定居。换句话说，只有拉萨尔知道这条密西西比河而已。这一片土地与严寒的加拿大不同，很适合耕作，就这样变成法国的领地了。

接着，那些收购兽皮的法国商人，一窝蜂地前来，不到30年间，就在今日的新奥尔良聚居繁荣了起来。

在北美，法国人利用印第安人去骚扰英国的殖民地，其中受害最大的，就是靠近五大湖区的弗吉尼亚殖民地。

开拓者都团结一致，以枪代替锄头，一再地与法军作战，终于在1754年抵制住法军的入侵。换句话说，殖民地的人，虽没有本国军队的支援，却仍能固守自己的土地。

这个时候，来自英国的殖民地人口已超过 200 万，这距离约翰·史密斯带领移民开拓以来，只经过了 150 年的时间而已。

当时，东部的平原依旧被一片原始森林覆盖着，仅传说在阿利根尼山的那边，有一块辽阔的土地。

1770 年，有一个人独自前往阿利根尼山探险，他就是美国开拓英雄之一的丹尼尔（1734～1820）。

据说，当年丹尼尔在山那边的肯塔基高原上，曾发现数万头的野牛群，并为此胆战心惊。

后来，殖民地虽然已经独立了，可是这一带却仍属于野兽的天下。

这些荒僻而肥沃的土地确实是拓荒者的天地，这里只要两美元就能买到一英亩土地。拓荒之路是艰辛的，但却是充满诱惑力的。越来越多的移民沿着俄亥俄河流域涌向西部，以每英亩两美元的代价获得土地，然后用汗水将它们开垦成富饶的耕地。小林肯一家的生活经历就是这些拓荒者家庭中的一个缩影。生活给了他们艰辛和痛苦，也给了他们无穷的勇气和毅力。

★✿★知识链接★✿★

美国《独立宣言》

《独立宣言》是一份于 1776 年 7 月 4 日由托玛斯·杰斐逊（1743～1826）起草，并由其他 13 个殖民地代表签署的最初声明北美 13 个殖民地摆脱英国的殖民统治的文件。

在整个 18 世纪 60～70 年代期间，英国和其北美殖民地之间的关系日益紧张。1775 年，在莱克星顿和康科德城爆发了战争，这标志着美国革命战争的开始。虽然最初的想法并不是完全的独立，但是托马斯·佩恩的小册子《常识》促使人们相信对于殖民地来说，完全的独立是唯一可能的出路。

1776 年 6 月 7 日，在第二届大陆会议中，弗吉尼亚州的理查德·亨利·李提出一个议案，宣称："我们以这些殖民地的善良人民的名义和权力，谨庄严地宣布并昭告：这些联合殖民地从此成为、而且名正言顺地应当成为自由独立的合众国；它们解除对于英王的一切隶属关系，而它们与大不列颠王国之间的一切政治联系亦应从此完全废止。"6 月 10 日大陆会议指定一个委员会草拟《独立宣言》。实际的起草工作由托马斯·杰斐逊负责。

《独立宣言》

7 月 4 日，《独立宣言》获得通过，并分送 13 个殖民地的议会签署及批准。这 13 个殖民地分别是：新罕布什尔，马萨诸塞，罗德岛，康涅狄格，纽约，新泽西，宾夕法尼亚，特拉华，马里兰，弗吉尼亚，北卡罗来纳，南卡罗来纳，佐治亚。

委员会的成员由马萨诸塞的约翰·亚当斯、宾夕法尼亚的本杰明·富兰克林、弗吉尼亚的杰斐逊、纽约的罗伯特·R·利文斯通和康涅狄格的罗杰·谢尔曼组成，并起草合适的宣言。杰斐逊起草了很大一部分。在宣言被大陆会议采纳以前，在刑事法庭上被重写，其中一个被移除的篇章涉及奴隶制度。

托马斯·杰斐逊作为一个包括约翰·亚当斯和本杰明·富兰克林在内的起草委员会的成员之一，起草了美国《独立宣言》的第一稿。大陆会议对杰斐逊的草稿作了重大改动，特别是在佐治亚州和南卡罗来纳州代表们的坚持下，删去了他对英王乔治三世允许在殖民地存在奴隶制和奴隶买卖的有力谴责。被删去的内容中一部分是这样写的："他向人性本身发动了残酷的战争，侵犯了一个从未冒犯过他的远方民族的最神圣的生存权和自由权，他诱骗他们，并把他们运往另一半球充当奴隶，或使他们惨死在运送途中。"1776 年 7 月 4 日，大陆会议通过了这份宣言。

杰斐逊曾写道，《独立宣言》是"吁请世界的裁判"。自 1776 年以来，《独立宣言》中所体现的原则就一直在全世界为人传诵。美国的改革家们，不论是出于什么动机，不论是为了废除奴隶制、禁止种族隔离或是要提高妇女的权力，都要向公众提到"人人生而平等"。不论在什么地方，当人民向不民主的统治作斗争时，他们就要用杰斐逊的话来争辩道，政府的"正当权力是经被治者同意所授予的。"

《独立宣言》包括三个部分：第一部分阐明政治哲学——民主与自由的哲学，内容深刻动人；第二部分列举若干具体的不平等事例，以证明乔治三世破坏了美国的自由；第三部分郑重宣布独立，并宣誓支持该项宣言。

勤奋的开拓者

肯塔基于 1792 年正式成为美国的一个州。约 10 年后，有一位贫穷的年轻人，从弗吉尼亚移居到肯塔基的开拓地来开垦。这个年轻人身材魁梧、强劲有力，而且非常勤勉，工作量比一般人多两三倍，他就在这一片旷野中开垦耕地。

这位年轻人名叫汤姆士·林肯，大家都称呼他为汤姆。他是一位沉默寡言的人，似乎不善于和人交往，不过却有一颗善良的心，当地如果有人生病，他一定会前往慰问。

汤姆 7 岁时就失去了父亲，后来，曾受雇于农家，也学过木工。他为人正直，做事光明磊落，所以深受赞扬。

1803 年，他年满 20 岁，改变了初衷，放弃木匠的工作，用自己储蓄的钱在伊丽莎白城附近购买土地，努力开垦。

这些拓荒的人，根本没有什么娱乐，不是开垦田地，就是饲养家畜或到森林狩猎，每天过着同样的单调生活。如果酷热的夏天久不下雨，土地就会干裂，使农作物枯黄，遇到这种情况，就要把水桶放在马背上，到遥远的河边去汲水，整天都在河川和田地之间来回奔跑。虽然人和马都已疲惫不堪，可是农作物依旧日渐枯萎下去。

有时候已经长得很好的农作物，在一夜之间被野鹿践踏得乱七八糟。至于猪和牛等家畜，也经常遭受野兽的袭击。一旦遇到这种灾害，生活就会受到影响，因此有人不得不放弃自己辛苦开垦的土地，携带妻子、儿女到更遥远的农场找工作。

在这种艰苦的开垦生活里，男人们总是以喝酒来松懈自己，但汤姆却滴酒不沾。

"不知道他活着有什么意义？"有人这么讥讽他。汤姆经常遭受大家的取笑，可是他毫不介意，只是拼命地工作。像这种偏僻的村落，偶尔也会有牧师前来传教，这个时候，最专心聆听布道的就是汤姆。

晚上睡觉之前，汤姆经常会回想小时候的事。他的父亲曾在一条叫做"绿川"的小河边，开垦一块相当大的土地；母亲则留在家里挤牛奶、饲养家畜、烧饭、洗衣服，晚上还要为汤姆补衣服。从早到晚忙个不停。

从 5 岁起，汤姆就开始放羊。其实，真正在照顾羊的是狗，汤姆则整天都在草地上跑来跑去；或者用石头投掷躲在树枝上的松鼠来打发时间。

傍晚回家时，一闻到母亲所煮的汤汁的香味，就会感到饥肠辘辘。

这是一个温暖的家庭，建立这种家庭正是汤姆的最大的愿望，因为这时的汤姆已经 28 岁了。

附近的开垦地中，有一位叫斯巴罗的人，他们夫妇俩生性极为爽朗，平常与汤姆相处得很融洽。这个家的小孩很多，显得格外热闹，每次汤姆与这些孩子玩闹时，就会产生一种如同待在自己家里的感觉。这些孩子都是由大姐南希照顾着。

南希并不是斯巴罗的亲生女儿，而是由妻子带过来的孩子。因此，看起来有点孤寂冷漠的样子。

汤姆也是离开家人独自漂泊，所以他很同情她。而南希呢？她也很爱慕诚实的汤姆。

斯巴罗先生知道了这件事情，就对汤姆说："我相信你能够使南希幸福的。"

于是就同意他们两人结婚。

1806 年，汤姆和南希举行了简单而隆重的婚礼。 南希比汤姆小 5 岁，当时才 23 岁。

像汤姆这种生于开拓地、长于开拓地的人，根本不识字；但是，南希不但会写信，也会看圣经，所以汤姆非常敬慕她。

"我不能让温柔的南希做辛苦的田地工作。"未结婚时汤姆就有这种想法。

于是，他卖掉自己开垦的土地，带着南希到城里去，自己搭建一间小屋，开了一家木匠店，他想以少年时代所学的木匠工作来发展事业。

木匠店生意兴隆，他们的生活已经比在开垦耕地时要改善得多。

经过汤姆家门口的人，往往看到南希在帮汤姆刨木板、锯木头。 南希是一位勤劳的女性，能与她共同生活，汤姆感到幸福无比。

一年后，他们有了一个女孩，汤姆将孩子取名为莎拉。

认识汤姆的人，根本没有想到这对勤劳的夫妇，会面临生活上的困境。 汤姆仅知道拼命工作，而且过于老实，有一次他受骗损失了很多金钱，以致无法在这个城市继续待下去，只好带着南希和莎拉，搬到哈定郡。

哈定郡虽然被称为"郡"，其实只不过是开拓地的一个中心点而已。

他们就在距离这个郡约 4 千米的诺林克里克地方购买了一块土地，从事耕作。

汤姆生性乐观，他自认生下来就注定要当农夫，只要肯工作，任何困难都难不倒自己。

汤姆经常受雇去开垦土地，偶尔，也帮别人做些桌子、椅子、橱柜等本行工作。

他们的圆木小屋虽然狭窄、简陋，可是南希始终把里面整理得很干净。

从烟囱冒出的缕缕炊烟，似乎在说明屋顶下的这个家庭是美满幸福的。

前来哈定郡时，正逢苹果花盛开的季节。对勤劳的人来说，时间似乎特别短暂，转眼间，一年已经过去了，他们又在迎接新的一年了（1809）。二月里下了几场雪，大家不得不暂时停下田里的工作。

这时，汤姆就在家里做些别人委托的木匠工作，并尽量抽空守在南希的身边，因为她最近就将临产。

"你猜这次是生男孩还是女孩？如果是男孩子，就以父亲的名字亚伯拉罕，替他命名吧。"汤姆停下工作问南希。

2月12日的破晓时分，终于生了一个婴儿。前来帮忙的邻家妇人对站在壁炉旁边焦急等侯的汤姆大声说："汤姆……果真如你所愿，是一个男孩子！"

听到这个消息的汤姆，赶紧进入卧室抱起刚出生的婴儿，露出满足的微笑。

这个婴儿就是亚伯拉罕·林肯。

当时，谁能料想到这圆木小屋里的小孩，后来竟成为美国的总统及黑奴的救星呢？

尽管他们的生活并不富裕，可是在这个小屋内却充满着温情。

"神把世界上最美好的宝物赐给了我们！"平常沉默寡言的汤姆，端详着婴儿的脸，不禁感动地说出这句话。

年幼的姐姐莎拉，还无法清楚地叫出"亚伯拉罕"，仅以清脆、喜悦的声音说着："亚伯、亚伯！"

由于听起来很可爱，不知不觉中，连父亲、母亲及外人，都学着莎拉也叫亚伯拉罕为"亚伯"。

春天来临，冰雪已经融化，田里的工作又再度忙碌了起来，因此汤姆没有余暇逗孩子们玩乐。

林肯出生时的小木屋内景

哈定附近的土质极为贫瘠。 无论如何努力开垦，也仅是含有石头的红土而已，栽培的农作物都长得不好。

偶尔，汤姆也会生气地对南希说："我们再搬家吧！"

这样的日子仍然得过下去，转眼亚伯已经两岁了。 他平常虽仅仅围着一条破布，可是却很健康。 姐姐莎拉经常牵着他的小手，到附近的河边玩耍，由于父母都很忙碌，亚伯多半是由小姐姐照顾着。

自亚伯拉罕出生之后，汤姆更加勤奋地工作，可是家境依然那么贫穷。

最后，汤姆决定再去寻找一块更肥沃的土地。

距离哈定郡约 16 千米之处，有一个叫做诺普克里克的村落，汤姆就在那里购买了一小块土地。

这里土质肥沃。 农作物长得很好，两三年后，他们的生活就得到了改善。

这个时候，莎拉和亚伯拉罕都长大了。 莎拉的个性与母亲很相似，是一位极有耐性的女孩，她常常帮母亲挤牛奶、纺纱、割草，而且把这些工作当做自己分内的事。

亚伯拉罕比较喜欢莎拉，几乎整天都缠着她。偶尔也帮助姐姐搬运割好的牧草，或者剪羊毛。不过，当他看到树枝上有松鼠时，就会把工作搁在一边，忙着捡石头打松鼠；他也曾不小心跌落河中，而遭受莎拉的责骂。

"这个孩子，就像耕地的农作物一样，毕竟还是旷野中的孩子。"父亲笑着说。

然而，旷野里的杂草绝不怕日晒雨淋，亚伯拉罕的身体正如这些杂草一样。但亚伯拉罕是个沉默寡言的孩子，除了莎拉之外，他很少与人畅谈。

"这孩子如果太过于像我，将来一定没有出息。"父亲一边端详着亚伯拉罕，一边笑着说。

但是，亚伯拉罕并不像他父亲那样不善与人相处，他对别人的谈话，总是微笑着倾听。

诺普克里克是个偏僻的村落，只有白天才能看到热闹的场面。

此地正好位于马路的旁边，这条大马路是东西村落的交通要道，所以每天都有向西边寻找新土地的开拓者的篷车经过。其中有很多是四五十辆为一群的篷车队，这些人在村落歇脚时的热闹情况，简直无法形容。不过，也经常仅有一辆马车孤单地通过。

这些人多半是舍弃阿利根尼山东方的老土地，其中也有远离欧洲来到北美的。他们一直向西前进，想要寻找一块适合定居的土地。总之，这些人都是来自亚伯拉罕所想象不到的地方。

亚伯拉罕经常跑到篷车旁边，好奇地凝视着这些人，或者倾听他们的谈话。有时候，他根本听不懂人们在说些什么。

"有这种奇怪的事？"林肯听着听着，渐渐地产生了疑问。

原本只知道肯塔基内陆的亚伯拉罕，终于明白这个世界的广阔，以及有使用其他语言的人。

除了移民之外，村子里常常出现骑着骏马带着骑瘦马的仆人的绅士。听母亲说，他们就是政客，目前正在巡视各个村落。

也有一些衣衫褴褛的人徒步来到村里，要求在开拓地的小屋借宿。 他们大都是流浪的生意人，要不然就是放弃土地到处为人打工的人。 其中有不少人根本不想工作，只是成天酗酒。

林肯家的小屋，偶尔也有这种外地人前来借宿。 在当时，照顾旅途中有困难的人，已成为开拓地人们的惯例。

在火光熊熊燃烧的壁炉旁边，客人叙述着各地的趣事，亚伯拉罕听得津津有味。

"时间不早了，赶快睡觉去吧！"直到母亲再三催促，亚伯拉罕才肯钻进被窝。 其实，他仅是装睡而已，自始至终都在侧耳倾听。 从客人的谈话中，亚伯拉罕终于明白诺普克里克及哈定郡都是属于美国的领土。

森林里的学校

亚伯拉罕的父亲经常与这些西进的移民高谈阔论，从他们口中经常冒出"自由"、"权利"之类的字句。 当时，亚伯拉罕根本不懂其中的含义，不过他觉得这似乎是很重要的事情。

不擅言词的父亲，与这些人议论时，往往说不过他们。 但是，当话题转向莎拉和亚伯拉罕时，又显得格外健谈。

父亲所谈论的，不外有关祖父的事情，由于经常听到同样的话题。 莎拉和亚伯拉罕都记得很清楚。

在孤寂的小屋生活中，除了聊天之外，没有其他的娱乐。

当亚伯拉罕 6 岁时，诺普克里克的开垦地，才设立了一所学校。

"农家子弟根本不需要求学。"

父亲极力反对莎拉及亚伯拉罕上学；但是，母亲热切地主张孩子们至少要学会写字和识字。 所以，莎拉和亚伯拉罕，每天

林肯
Linken

都到离家 8 千米远的学校去上学。

在旷野中成长的亚伯拉罕，对 8 千米的路程感到非常有趣。放学途中，姐弟俩经常在口袋及书包内装满树木的果实，他们准备把它晒干，以备冬天食用。

学校里只有一间教室，老师仅有一位，学生也寥寥无几。

有着一双长腿、经常穿着鹿皮裤子的亚伯拉罕·林肯，和其他的小朋友们坐在课堂里。

老师把字母写在黑板上，教大家认字。 接着，由老师大声宣读《独立宣言》，小朋友们就跟着一句一句朗诵。 当时还没有课本，学校的老师都用这种方法来教导学生。

这所学校并非整年都上课，老师每隔两三个月必须到其他的开垦地去教书，因此只能称之为巡回学校。

当亚伯拉罕学会写自己的名字时，学校的课业就结束了，因为老师必须离开这里，到别的地方去教课。

自从搬到诺普克里克之后，林肯一家人的生活有了些许的改善，但也只是比在哈定郡的时候略为好一点，他们仍然很贫穷。

亚伯拉罕一大早起来，就得到田里工作。

有一天，亚伯拉罕在播种时，忽然心血来潮，每个小洞里都播下了两颗种子，结果田地只播了一半，就没有种子了。

极少生气的父亲，忍不住大骂："笨蛋! 今年的收成只有一半了!"

祸不单行，这天夜里突然狂风大作，下起倾盆大雨，刚播好的种子，就这样被冲走了。 现在连一半的收获也没有了，一家人陷入了绝境。 亚伯拉罕虽然还小，但已能体会到农民靠天

美国农场

林肯
Linken

吃饭的辛苦命运。

虽然日子过得很艰苦，但每当父子俩拖着又脏又累的身子回到家中时，母亲早就做好了玉米汤等着他们了。

吃过晚饭以后，一家人围坐在火炉旁，知识丰富的母亲，就会讲述一些她少女时代读过的故事，以及华盛顿总统的事迹给他们听。

听妈妈讲故事，亚伯拉罕的疲劳就会一扫而光。 在这块没有书本的土地上，母亲便是亚伯拉罕的百科辞典。

母亲是个信仰虔诚的人，她常常念圣经给孩子们听，亚伯拉罕虽然不懂其中的意思，但也记住了几句。

母亲去世

肯塔基的原野上，移民愈来愈多了。 移民一多，随着也产生了许多的问题，其中影响最大的，便是增加了税收。 尤其是早来的移民，因为已有了收获，必须缴的税金更多。

在这样的开垦地上，土地纠纷层出不穷。 亚伯拉罕的父亲流血、流汗开垦出来的土地，不知为何竟变成别人的，为了这件事，他差点和对方打起官司来。

生性不爱与人争执的父亲，开始厌恶这个地方了。

就在这个时候，与肯塔基州

肯塔基州

隔邻的印第安纳州，传来了有土地出售的消息，父亲听了，相当心动。 这年，亚伯拉罕正好 7 岁。

父亲一连好几天都到山上去砍树，锯成木板，然后又花了好

林肯

几天的工夫做成一艘平底小舟。当时，亚伯拉罕一心一意只想坐船去玩，所以每天都很勤快地去帮忙。

但是到最后，亚伯拉罕还是没能坐上船。因为小船做好之后，父亲立刻载着粮食和行李，顺着河流出发了。

顺着诺普河而下，可以抵达州界的俄亥俄河。亚伯拉罕的父亲打算顺着俄亥俄河到印第安纳州去。

几天之后，父亲回来了。但是他并没有坐着船回来，而是徒步回来的。

"我找到一块很大的土地。"

当父亲这样宣布时，亚伯拉罕的心思仍然放在那艘小船上。

"爸爸，船呢？"

"中途翻了。"

父亲轻描淡写地掩饰了这件不幸的事，但是对亚伯拉罕来说，坐着船去游玩是盼望已久的事，现在船没有了，他真是失望极了！

小木屋

林肯

不久之后，他们收拾行李，准备搬家。穷人的家根本没有什么家具，几只锅、几件餐具，加上一些衣服，就是全部的行李了。像他们这么贫穷的移民，连马车都没有。

父亲和亚伯拉罕共骑一匹马，母亲和莎拉则骑上另外一匹，几只猪、牛和羊，就由牧羊犬赶着跟在后面。

一望无际的原野，并不如想象中那么平坦，他们必须经过车马走不过去的密林、水淹到马腹的河流以及又斜又陡的山坡。遇到陡坡时，父亲和亚伯拉罕便下马，父子俩拉着妈妈和莎拉的马往上爬。

太阳下山后，4个人便露宿在荒野中，周围不时传来猫头鹰的叫声。有时睡到半夜，会被野兽凄厉的吼声惊醒。

当时的印第安纳州，还是个人烟稀少的地方。一家4个人沿着俄亥俄河的河岸走了好几天，终于来到了目的地。

的确，这里正如父亲所说的，是块好地方，每个丘陵上都是青翠的森林，山谷之间有碧绿的小溪，称得上是青山绿水。

父亲选了一处树木比较稀少的地方，砍伐木材，搭建了一座圆木小屋。

刚住进去没多久，天空上移动的黑云，已一天一天地加重了，这是冬天即将来临的前兆。

在这深秋时分，冷风不断地穿过木墙的空隙吹进来，人根本无法入睡。父亲和亚伯拉罕必须把落叶塞在空隙里，上面再敷上泥上，这才勉强挡住那刺骨的寒风。

不到1个月，就开始下雪了。

父亲每天都到森林里去打猎，因为除了兽肉之外，再也没有其他可吃的东西了。每当连续下几天大雪，野兽不知道躲到哪里去时，一家人就只好挨饿。

小木屋被积雪掩埋的日子实在很痛苦，年幼的亚伯拉罕，必须负责挑水的工作，他得抱着水桶走在深及膝盖的雪地上，舀了河水之后再走回来，一双小手总是冻得又红又肿。

一天又一天，渐渐地，春天终于来临。

当积雪融化，露出下面的黑土时，父亲便到森林里去砍树，大的木头留着以后盖房子用，小的就当柴火。爸爸负责砍树，妈妈、莎拉和亚伯拉罕便一趟一趟地把木材拖回来。

树木砍掉之后，又得花上好几天的时间，把留在泥土里的树根挖掉，然后用铲子把土地挖松。

经过卖力的整理之后，终于开垦了一小块土地，然后由妈妈和莎拉在地上播下了玉米和小麦的种子，只要有收获，下个冬季就不会受饿了。

不管天气好坏，亚伯拉罕每天都帮着父亲开垦，慢慢将耕地的面积扩大。

夏天来临时，父亲又得兼做木匠，这次是要盖座比较坚固的房子。为了防风，父亲连墙壁上的窗户都没有留，这样子冬天就不怕冷了。在小屋子的旁边，父亲还加盖了一座畜栏，用剩下的一点钱买了一匹乳牛回来养。

为了照顾那些马、羊、猪、牛、鸡等家畜，再加上挤牛奶的工作，莎拉和亚伯拉罕每天都忙得不可开交。在开垦地长大的亚伯拉罕一直认为，小孩子这样工作是应该的。

第二年，当春天再度来临时，他们拥有的田地已经是很大一片了，一家人也已经习惯了新的生活。

"幸亏搬到印第安纳来，否则日子不知将会苦到什么程度！"

父亲十分愉快地想着，他相信幸福之神已降临了。

在这儿也有巡回老师设立的临时学校，一向重视子女教育的母亲再度主张让孩子们去上学。

因为土地的开发已经告一

林肯的母亲莎拉·林肯

段落，所以这次父亲并没有反对。

从家里到学校大约有十二三千米的路程，来回要走上好几个钟头，但是莎拉和亚伯拉罕天天都很快乐地往返着，并不感到累。

但是，不幸的事却在这个时候发生了。

这年的夏天，印第安纳州流行一种叫毒乳病的疾病，这种细菌发生在牛奶里，喝了有细菌的牛奶，便会发高烧，浑身痛苦。受到这种细菌感染的人大都会死去，这是很可怕的疾病。

秋天才刚到，母亲突然发高烧，双唇发白，呼吸困难地喘着，这是患了毒乳病的特征。 几天之后，母亲握着莎拉和亚伯拉罕的手，离开了这个世界。

这是 1818 年 10 月的事。

田地刚开垦好，满以为从此可以过好日子了，母亲却无法享受，命运真是太残酷了！

父亲默默地到森林里去砍树，锯成木板，做了一具棺材，把母亲埋葬。 知道了消息的人，都从遥远的地方赶来吊慰。

母亲的墓就在一棵大树底下，因为没有牧师，便由一位识字的人念了一段圣经，然后大家合唱赞美歌。

母亲是爸爸的好妻子，也是莎拉和亚伯拉罕的好妈妈，但是，她却从来没有享过福。 结婚之后，虽然和父亲很恩爱，却从未脱离艰苦的生活。

在开垦地上，无论男女都必须辛勤地工作才能生存。 在大自然中开辟新的土地，听起来是多么平常，但是其中却隐藏了许多辛酸！多数的拓荒者，都是穷人，吃不饱、穿不暖，却又必须不停地工作，因此许多身体羸弱的人，没多久，就会倒地不起。

母亲就是像这样吃尽苦头的贫农之妻。 她虽然去世了，但是她的虔诚和慈爱，却永远留在子女的心中。

尤其是亚伯拉罕，他一辈子都无法忘记母亲。 当他痛苦忧伤，或是心有迷惘时，眼前总会浮现出母亲的微笑。

母亲一走，全家突然变得冷清起来，一向就不爱说话的亚伯拉罕和父亲，从此更加沉默了。

秋已深，落叶纷纷掉在屋顶上，发出簌簌的声音。莎拉和亚伯拉罕经常站在门口，望着远处母亲的坟墓发呆。

天使般的母亲

1819年，对这个刚 10 岁的悲伤男孩来说，他的母亲躺进地下，生前却没有对她举行基督徒应有的临终宗教仪式，这真是件非常糟糕的事。"这儿如果有个牧师……仅仅需要一个！"亚伯拉罕想，"仅仅需要些云游四方的传教士能来这块地方！"

终于，他想到了善良的传教士戴维·艾尔金，他们在肯塔基的老房子时就认识他了。如果他知道了他们的失亲之痛，也许他会来这里到她的墓前宣示布道。可是，如何把这不幸的消息告知他呢？

坐在家中寂寞的炉台边，亚伯拉罕想出一个办法。他想写信给母亲生前的这位好友。他会把家人的悲恸告知他，并请求他前来此地。但这可不是个容易的事情。他到哪里去找写信所需的纸和笔墨？写完了信，谁又能帮他送去？再说了，戴维·艾尔金是个云游的传教士，到哪里能找到他呢？

偏僻地带的人们学会了借助最有限的东西尽可能做出更多的事。困难面前，他们从不沮丧。在那本已被手指翻旧的拼写课本——就是这个少年在卡勒·黑泽尔的学校里学的那本书中，有一页上有漏印的空白，有这张纸片写信就足够了。林间空地许多烧焦的树桩上悬挂着成熟的浆果，戳破它们后流出的血红色汁液，就是很好的墨水。父亲在森林中猎到的野生火鸡翅膀上的大翎羽，拿下一根就是最可以做成笔。

信写好了，封好口，写好了戴维·艾尔金在肯塔基的地址。但是，那里没有邮局，也没有邮递员。该如何把信送到它的目的地呢？

　　有个邻居准备去俄亥俄河那边做生意，他可以把信捎去，然后在那里，他可以把信交给另一个朝那个方向走的人。这第二个人会把信再交给第三个人，如果顺利，还会有下一个人，一直到最后，如果没有意外发生，它能会到达那位正确的收信人手中。对亚伯拉罕来说，用这样的方式传递一封信件一点儿都不陌生——这是他所知道的唯一的方法；在早些时候的西部拓荒者中，这样传送信件也是很常见的。

　　沉闷漫长的冬天到了，这是男孩平生最为沉闷忧郁的时期。寒风呼啸着从墙上敞开的裂缝钻进来，冰雹和雨雪向没有防护的屋门涌来。本来就不舒服的小木屋现在还不如从前，因为那个把整个家照亮照暖的女子，再也不会出现了。年仅11岁的小莎拉，成了家里的女主人。那个总把最需要做的事都拖沓下去的父亲，要么坐在家中火炉旁，要么拎着斧子或者猎枪到林子里转悠。丹尼斯·汉克斯，自从他的阿姨贝蒂·斯帕罗去世后，就搬到林肯家和他们一起生活；他比林肯年长一些，能让自己做有用的事，砍伐大树，储藏食物，还能到林子里打猎。

　　终于，天变长了，变晴朗了。春天来了，森林中盛开着迎春的野花，到处是鸟儿欢快悦耳的鸣叫。随后的一天，传教士戴维·艾尔金骑马来到小木屋门前。他收到了亚伯拉罕的信，他立即响应它的呼唤，骑马百余英里前来此地。未开垦的荒原，没有足够的路标指引，在春雨泛滥成湍急洪水的地方，他不得不下马游过河；夜晚，他在狼群声声咆哮的森林里睡觉；他历经种种危险，疲惫倦乏，忍饥挨饿——他为了什么呢？仅仅是站到一个可怜女人僻静的墓前，陈述她生前的善良和贤淑，再鼓励一下那些爱过她的那些活着的人。做这些，他无求报偿，既不是礼品也不是金钱，甚至不是人们的颂扬，他所期盼的仅仅是完成神圣职责后的满足感。当然，当世界所有英雄名单列出来时，卑微的戴维·艾尔金的名字将比那些虽做出大事但却一心为己的人，更为高远。

邻居们得知消息，知道了有位传教士来给南茜·林肯的葬礼布道。 邻居们不断传递这个消息，等安息日到来时，拓荒者们安静地聚在枝叶伸展的无花果树附近的山坡上。 他们当中的许多人远道而来，有的骑马，有的驾着马车前来。 牧师在葬礼上的布道是件大事，男人、女人和孩子们都渴望倾听到。 来了足有200多人。 在居住分散的新拓居地，这次布道的规模超过人们所见过的任何聚会。

当太阳到达天空正中的位置时，传教士唱起赞美诗，一行一行的——那里没有供人们做礼拜时用的圣书，女人和女孩子们以她们甜美但未经训练的音调，和他一起唱起来。 简短的祷告会完成后，传教士开始布道。 这虽是一次达不到专业水准的布道，却饱含人们的热忱和情感，演讲的内容也恰恰是那些没受过教育的听众所能理解的。 它的主题，当然是这位温和的太太的葬礼，她得到了所有认识她的人们的爱。 传教士在布道时重点提到她的忍耐和忠诚，她人生理想的高尚——心怀理想，她给了孩子们爱心呵护、悉心教导和无私奉献。

最后，布道结束了；赞美诗又唱起；宣致祝福；然后，人群渐渐散去，带着感悟踏上归途。 对少年亚伯拉罕来说，他感觉，母亲逝后他最大的心愿已经了结，自从她离去后他痛苦的心情有所好转。 但是，另一个更大的心愿仍在：按母亲所教诲的，塑造美好的生命；如母亲所希冀的，让自己的人格臻于完美。 回家路上，他的内心被崇高的理想所充盈。 尽管他才10岁，他却不再是个小孩子。 他下定决心要成为母亲最景仰、最崇敬的那一类人。

许多年之后，当他受人尊敬、声名显赫，被视为已位居世间伟人之列时，他说，"我所拥有的和即将拥有的一切，都源于我那天使般的母亲。"

小木屋的少年

　　给别人自由和维护自己的自由，两者同样是崇高的事业。

——林肯

迈入新生活

亚伯拉罕已经 10 岁了。

这个家庭的沉默和孤寂，终于被一位叫德尼斯的青年所打破。德尼斯是林肯的堂兄，来这里暂住。他是个生性乐观的人，不但幽默风趣，工作也很卖力，最喜欢逗莎拉和亚伯拉罕，他来了之后，这一家人又有了笑声。

自从母亲去世之后，莎拉便接替了母亲的工作，她要打扫卫生、洗衣、煮三餐、缝衣服、挤牛奶、喂家禽……但莎拉毕竟只是一个十二三岁的小姑娘，如此繁杂的工作，无法件件都做得很好。再加上莎拉个子小、身体瘦，父亲看在眼里，总觉得有点不忍。

母亲去世后一年的某天，父亲对家人说："我有事情要出远门，你们要好好看家。"

他准备了简单的行李就骑着马走了。爸爸到底要去哪里？去做什么？莎拉和亚伯拉罕都不知道。

过了一个星期，爸爸还没有回家，待在家里的 3 个人开始担忧起来。

每天一到傍晚，莎拉和亚伯拉罕就站在丘陵上，凝望着山谷边的小路，期待着父亲的出现。

就这样在盼望中过了 3 个星期。一天早上，路上传来了马车的声音，亚伯拉罕跑出去一看，只见山脚下有辆四匹马拉着的大马车，正扬着灰尘往这边来，而朝思暮想的爸爸，就骑在前面的马上。

丘　陵

"爸爸回来了！"亚伯拉罕向屋里大叫，莎拉和德尼斯立刻跑出来。

"啊——莎拉——亚伯——"父亲也远远地叫着莎拉和亚伯拉罕的名字。

父亲身旁的那匹马上，有一位戴着帽子的妇人。

"她是谁呢？"

当亚伯拉罕正在猜测时，马车已爬上了斜坡路，来到了小木屋的前面。

父亲扶着那位妇人下马，然后拉开了篷车的门，一个男孩和两个女孩，笑嘻嘻地跳了下来。

父亲原想对莎拉和亚伯拉罕多说一些话，但是一向不善言辞的他，在这个时候愈发说不出话来，只说了一句："这是你们的新妈妈。"

妇人微笑着，先拥抱莎拉，然后又抱了亚伯拉罕。

林肯
Linken

亚伯拉罕望着她那温柔的眼睛，心里一阵温暖，差点开口叫她妈妈。

　　"从今以后，我就是你们的新妈妈了。"

　　这位继母，原先也住在肯塔基州，丈夫去世后，为她留下了一些土地和遗产，她便靠着这些遗产独力扶养三个子女。

　　亚伯拉罕的父亲在很早以前就和这家人有来往，如今两人终于决定结婚，彼此有个照顾。

　　继母的三个孩子，大的叫伊莉莎白，已经 12 岁；老二叫玛姬德，8 岁；老三是个男孩，叫约翰。他们三个都穿着亚伯拉罕从来没见过的漂亮衣服。

　　"从今以后都是一家人，大家要好好相处。"继母这样说。

　　莎拉和亚伯拉罕觉得有点难为情，不敢前去和他们三姐弟拥抱。

　　继母看到这种情形，立刻从行李里拿出新衣服，让莎拉和亚伯拉罕换上，然后又一边为莎拉梳理头发，一边说："看，多么漂亮！"

　　马车上的东西都卸了下来，较重的家具和行李，由父亲和德尼斯搬进屋里，小件的，则由亚伯拉罕和莎拉提，新妈妈也吩咐自己的孩子帮忙搬。

　　亚伯拉罕唯恐这三个小孩一路上太劳累了，便说："不要紧，你们休息一下吧。"

　　但是继母坚定地说："不行，大家都要动手。"

　　行李很多，有柔软的羽毛褥子、精致的餐具、漂亮的柜子和餐桌等，每一件都令莎拉和亚伯拉罕大开眼界。虽然这些都不算是奢侈品，可是对从小就睡在铺枯叶的床上，穿着满是补丁衣服的姐弟来说，每一件都太精美了。

　　当夜，莎拉和亚伯拉罕睡在柔软的床上，简直像是置身于梦境一样。

　　原来冷清孤寂的小家庭，一下子变成有 8 口人的大家庭了。

　　继母很勤快，在她的整顿之下，不到两三天的工夫，家里的情景已焕然一新。不过，这座小屋子8个人住确实小了些，于是父亲计划再建新屋子。

另一方面，家人增多，吃的东西就必须增加，不会赚钱的父亲，唯一的办法，就是继续开垦荒地。就这样，全家人都下田工作，新来的三姐弟也不再穿漂亮的衣服了。继母还为小弟弟约翰做了件鹿皮裤子，好方便做事。

亚伯拉罕每天随着父亲和德尼斯下田，有时候上山砍柴，工作十分卖力。

亚伯拉罕长得比一般10岁的孩子高，已经到父亲的肩膀，他的手掌厚实，臂力并不比成人差。

"他不久就可以做大人的事了。"父亲看着亚伯拉罕搬走一块大石头，高兴地想着。

但是只有一件事使父亲很不满意，那就是亚伯拉罕不愿意上山打猎。

那是他们搬来印第安纳州不久之后的事。

一天，一群野火鸡聚集在屋子外面，父亲见了，便对亚伯拉罕说："亚伯，你应该学打猎了，试试看吧。"

于是亚伯拉罕端起猎枪，架在窗户上向外瞄准，然后屏着气息扣了扳机。只听到"碰"的一声，一只火鸡倒下了。

"啊，打得好！"

父亲很高兴地大笑，亚伯拉罕自己也很得意，立刻跑出去看。只见那只火鸡倒在地上，浑身都是血。

亚伯拉罕愣在那儿，心里觉得很难过。

就从这个时候开始，无论父亲怎么劝，怎么责骂，亚伯拉罕都不愿意去打猎了。

除了这一点之外，其他的事，亚伯拉罕都会自动地去做。比如，砍的柴有多余时，他会骑着马，把木柴驮到镇上去卖，然后再一个人骑着马回来，俨然是个旷野中长大的孩子。

旺盛的求知欲

自从新妈妈来了之后，晚餐比以前丰富多了，这是亚伯拉罕一天中最期待的事。其实做菜的材料，同样是玉米、马铃薯、乳酪和火腿，但是继母善于烹调，每天做出来的菜式和味道有变化，使大家吃得津津有味。

另一件事也让亚伯拉罕感到十分快乐，就是继母的行李中有好几本书，这些都是少年读物，字又大又清楚，而且都是《伊索寓言》、《鲁滨逊漂流记》之类的有趣故事。

亚伯拉罕一有空，就坐在树下看书，遇到不懂的地方，就去问继母。父亲不了解书中的乐趣，常苦笑着说："这有什么好看的？"

就这样，原来只认得几个字母的亚伯拉罕，已经从书本里认识了很多词。继母看到这种情形，发现了亚伯拉罕好学的精神，因此，当巡回教学的老师再度来临时，她不顾丈夫的反对，坚持要让亚伯拉罕去上学。

继母为有这样的一个儿子感到骄傲，她预感到林肯不会在这片土地上永远待下去。他似乎属于另外一个更为广阔的世界。

确实，林肯具有一些与同龄小伙伴们所不具有的优秀品质，他的梦想在远方，这正是他以后成功的基础。

在这种远离城市的偏远地带，每天的生活都是千篇一律，一大早就得到田里工作，直到太阳下山才回家，日子向来缺少变化。亚伯拉罕自小就生活在这样的环境中，他单纯地以为，长大之后，也要跟爸爸一样，成为勤劳的农夫。

林肯12岁了，他的个子愈来愈高。

"真是的，你到底要长多高？"

父亲忘了自己也是个高个子，有时候会调侃亚伯拉罕。

原本很寂静的印第安纳州，移民愈来愈多，丘陵上到处都看得见一座座小木屋。

小木屋盖好之后，接下来的工作便是开垦田地，像这种繁重的工作，人手再多，也忙不过来。

一天，亚伯拉罕从磨坊回来，看见一位最近才来的移民正在和父亲说话。

父亲看见亚伯拉罕回来，便说："亚伯，这位先生听说你很勤快，想雇用你，你觉得怎么样？我想，你为别人做事也不错。"

第二天，亚伯拉罕就到这户人家去工作，他随着主人的意思挖土、耕地、砍木柴、掘井……一天的工资是 16 分钱。

虽然数目很少，但对家里却是很大的帮助。

父亲有时会偷偷地观察亚伯拉罕的工作情形，他常看到亚伯拉罕在休息时间对其他的工人高谈阔论，工人们似乎也听得津津有味。

"这孩子在家里一句话都不说，现在到底跟这些人讲些什么？"

原来，亚伯拉罕是在模仿牧师口若悬河地讲道，大伙儿都觉得很有趣，亚伯拉罕更是一副很快活的样子。

父亲一直没有发现亚伯拉罕的这一面，因此感到很惊讶。

这个在荒野中长大的孩子，对知识有着强烈渴望。

亚伯拉罕不太爱交朋友，每天只是认真地工作。他最感快乐的，是太阳下山后，一家人围在火炉旁边的时光。

此地经常有外来的旅人，或是邻居来聊天，大家很喜欢提起华盛顿和纽约的事。他们最爱讨论的，就是华盛顿政府的各项建设和措施。

"政治在操纵着美国这个国家。"亚伯拉罕开始有了这个观念。

他急于获得知识，连包装用的报纸都捡起来看，这正是拓荒地区孩子的课本。

在拓荒地区，很少有人识字，因此亚伯拉罕可说是在村子中，知道最多消息的人。可是，在这些旧报纸上仍然有许多句子是他所不懂的。

亚伯拉罕 14 岁时，当地有人开了一家杂货店，贩卖食品、衣服、农具……凡是日用品几乎什么都有。店主很赏识亚伯拉罕的勤劳，想请他当店员。

"我这个孩子能胜任这工作吗？他根本不会跟人打交道！"

父亲很怀疑，但是亚伯拉罕却答应了。

这位在荒野中长大、沉默寡言的孩子居然当起店员来了，他亲切地招待客人，使得店内经常洋溢着笑声，生意也愈来愈好。

他过去一直说话不多，那是因为整天与大自然为伍，没有说话的必要。事实上，亚伯拉罕很喜欢店里的工作，因为店里出入的是各行各业的人，他可以听到许许多多的事。而最令亚伯拉罕高兴的，就是店里订有报纸。

"有什么消息没有？"

店里的客人经常这样问，林肯便会读报纸给他们听。有的人前来买东西，完全是为了要知道报纸上的消息。

城里法院的推事，有时也会到这里来，林肯因此而认识了一位叫皮贾的推事。皮贾见林肯很认真，便对他说："你真用功，我有一些你看得懂的书，可以借你。"

这些书是《鲁滨逊漂流记》、《天方夜谭》、《天路历程》、《华盛顿传》等。

美国第一任总统华盛顿

美国首任总统乔治·华盛顿

美国首任总统：乔治·华盛顿（George Washington）

（1732 年 2 月 22 日生于弗吉尼亚，卒于 1799 年 12 月 14 日）

任期：1789 年 4 月 30 日 ～ 1797 年 3 月 4 日

尊称：美国国父

出身：种植园主

学历：小学

职业：军人、政治家

党派：联邦党

出生：1732 年 2 月 22 日，威斯特摩兰县

资产来源：遗产继承、种植园收入

军衔：General of the Armies of the United States，联邦大元帅

宗教：圣公会

职务：大陆军总司令、总统

夫人：玛莎·丹德里奇

子女：无

华盛顿在普林斯顿的战斗结束后，担任美国首任总统（1789～1797），美国独立战争大陆军总司令。他毕生未进大学学习，但注意自学，使自己具备了突出的才干。早年当过土地测量员。1752 年，成为维农山庄园的主人。曾参加七年战争，获中校和上校衔，积累了军事指挥的经验。1758 年当选为弗吉尼亚议员。翌年与富孀 M·D·卡斯蒂斯结婚，获得大批奴隶和 60.75 平方千米土地，成为弗吉尼亚最大的种植园主。在经营农场、手工作坊的过程中，华盛顿饱尝了英国殖民当局限制、盘剥之苦。1774 年和 1775 年，先后作为弗吉尼亚议会的代表出席第一届、第二届大陆会议。1775 年 7 月 3 日，华盛顿就任大陆军总司令。他把一支组织松散、训练不足、装备落后、给养匮乏，主要由地方民军组成的队伍整编和锻炼成为一支能与英军正

面抗衡的正规军。通过特伦顿、普林斯顿和约克德等战役,击败英军,取得了北美独立战争的胜利。1783年《巴黎和约》签订,英国被迫承认美国独立。同年12月23日递交辞呈,解甲归田。1787年他主持召开费城制宪会议。制定联邦宪法,为根除君主制,制订和批准维护有产者民主权利的宪法作出不懈的努力。

1789年,华盛顿当选为美国第一任总统。他组织机构精干的联邦政府,颁布司法条例,成立联邦最高法院。他在许多问题上倾向于联邦党人的主张,但力求在联邦党和民主共和党之间保持平衡。他支持A.汉密尔顿关于成立国家银行的计划,确立国家信用;批准T.杰斐逊所支持的公共土地法案,奠定了西部自由土地制度的基础。1793年,再度当选总统。为了缓和同英国的矛盾,1794年11月4日华盛顿派出首席法官J.杰伊与英国谈判,签订《杰伊条约》,因有损于美国利益,遭反对。1796年9月17日,他发表《告别词》,表示不再出任总统。从而开创美国历史上摒弃终身总统,和平转移权力的范例。次年,回到维农山庄园。因对美国独立做出重大贡献,被尊为"美国国父"。

首先,他在美国独立战争中是一位成功的军事领袖。但事实上他决非是一位军事天才,当然也决不能与亚历山大和恺撒一类的将军相提并论。他的成功至少有一半是由于同他对垒的英军将领的出人意料的无能,另一半才是由于他自己的才能。但是应记住几位其他美国将领均遭惨败,而华盛顿虽说打了几个小败仗而最终却赢得了战争的胜利。

其次,华盛顿是立宪会议主席。虽然他的思想对美国宪法的形成没有起重要的作用,但是他的支持者和他的名望对各州批准这部宪法却起了重大的作用。当时有一股强大的力量在反对新宪法,要不是华盛顿的影响,很难说这部宪法能实行得了。

再次,华盛顿是美国第一任总统。美国有一位华盛顿这样德才兼备的人作为第一任总统是幸运的。翻开南美和非洲各国的历史,我们可以看到即使是一个以民主宪法为伊始的新国家,堕落成为军事专制国家也是易如反掌。华盛顿是一位坚定的领袖,他保持了国家的统一,但是却无永远把持政权的野心,既不想做国王,又不想当独裁者。他开创了主动让权的先例——一个至今美国仍然奉行的先例。

　　与当时的其他美国领袖如托马斯·杰斐逊、詹姆斯·麦迪逊、亚历山大·汉密尔顿等相比，乔治·华盛顿缺乏创新的精神和深刻的思想。但是他比所有这些雄才大略的人物都重要得多，无论在战争还是和平期间，他在行政领导方面都起着至关重要的作用，没有他任何政治运动都不会达到目的。对美国的形成，麦迪逊的贡献是重大的，而华盛顿的贡献几乎可以说是不可缺少的。

　　乔治·华盛顿在的地位在很大程度上取决于人们怎样认识他给美国所带来的历史意义。要求一个当今的美国人对那种历史意义做出不偏不倚的评价自然是困难的。

　　虽然美国在 20 世纪中叶具有甚至比鼎盛时期的罗马帝国还要大的军事力量和政治影响，但是其政权也许不会像罗马帝国那样行之久远。另一方面，美国所取得的技术成就有几项将来也会被其他民族视为有重大意义的，这一点看来是有目共睹的。例如飞机的发明和人类在月球上的登陆就代表了过去世世代代人们梦寐以求的成果；很难想象核武器的发明将来会被看成是无足轻重的成就。

　　既然乔治·华盛顿大体上可以和罗马的奥古斯都·恺撒相媲美。如果说把华盛顿排得略低了一点儿，那主要是因为他比奥古斯都领导的时间要短得多，还有许多其他人如本杰明·富兰克林、托马斯·杰弗逊和詹姆斯·麦迪逊对美国的形成也起了重要的作用。但是华盛顿比亚历山大大帝和拿破仑这样的人物排得高些，因为他的功劳比起他们的来说是更加不可磨灭的。

　　1789 年，华盛顿的卓越功勋使他当选为美国第一任总统。四年以后，他再次当选为美国总统。在做了两届总统之后，1796 年 9 月 17 日，华盛顿发表《告别词》。他宣布："我现在应当向大家有所表示……就是我已下定决心谢绝把握放在被选之列。"从而主动放弃了继续当选美国总统的权利。华盛顿的这一举动开创了一个先例，那就是美国没有人可以成为终身总统，也不允许连任三届总统。1799 年 12 月 14 日，华盛顿逝世，享年 67 岁。

　　华盛顿是个伟大的政治家，也是独立战争的领导者，他淳朴正直，是林肯心中最崇拜的偶像。因此，他很希望自己能拥有一本华盛顿的传记。

有一天，他在为邻人工作时，发现对方有一本《华盛顿传》，正好与皮贾以前借给他的一模一样。于是他把书借回来，一直看到半夜。这天晚上外面大风大雨，雨点打在窗户上，仿佛为林肯兴奋的心伴奏着。

第二天早上林肯醒来，却发现那本书被打湿了！

原来屋里漏水，正好滴在书本上。

林肯一慌张，立刻拿到炉火上去烘，结果纸张全都烘绉，整本书因而变了形。

没有办法挽救了！林肯只好到邻居家去道歉。商谈的结果，对方答应他做两天的工，算是补偿。

16岁的垒木工林肯

没想到一时的粗心，反而获得了属于自己的第一本书！而这本书又是《华盛顿传》，林肯的兴奋真是无法形容。

拓荒地的生活既平凡又单纯。同样的，林肯的少年时代也很平凡。不过，在这种平淡的日子里，林肯脑海里的知识，却逐日在增加。

林肯还不知道知识会有什么用处，他发现自己书看得愈多，不懂的事也愈多。更让他懊恼的是，没有人可以请教，无论什么事，都得靠自己的能力来判断。

林肯16岁的那一年，姐姐莎拉与邻村的人结婚，但是很不幸，她在第二年就因病去世了！

这位自小与林肯相亲相爱、同甘共苦的好姐姐，这么年轻就与世长辞，林肯心中的悲痛比母亲去世时更加深重。父亲也很伤心，但仍安慰林肯说："这是没办法的事，我也很难过，你要想开一点。"

父亲的话虽显得生硬，但林肯听得出来其中的关心与爱意。纵然如此，林肯仍然忧伤不已。

姐姐死亡，是林肯少年时代即将结束时最感伤的事。

借火炉之光读书

亚伯拉罕·林肯对书籍之爱贯穿于他所有的时间里。 他如饥似渴地阅读所能找到的一切书籍。 如果听说拓居地某处有本书，他片刻也不耽搁，会立即前去借阅。 一次，他赤脚徒步20千米去借一本关于印第安纳法律的书。 去田间耕作干活时，他总要随身带着书本，当干活至地头马匹要休息一会儿时，他会用这些时间来看书。

他父亲却不赞同读这么多书。 他认为，读书和这孩子的工作太不相符，读书还会让他变懒惰，但心地善良的母亲总为他读书的事做辩护，她还认为父亲应该允许孩子坚持自己的人生之路。 "他一直是我又孝顺又本分的儿子，"很久以后她说，"在他读书时，我们会尽力不去打扰他。 我们会让他一直读下去，读到他自己主动停下来为止。"

亚伯拉罕经常彻夜坐在火炉旁读书，一直读到火光熄灭。他往往会在身边堆着山胡桃木的树皮，当炉内火苗暗淡将熄时，他可以把树皮一片片地扔到炉内。 在鸽子溪畔新拓居地，蜡烛是普通人家根本不敢想象的奢侈品，只在特殊时刻才节省着用一点点。 无论何时，只要亚伯拉罕读到一些非常好的应该牢记的东西，他都会想尽一切办法记笔记。 如果没有纸，他会用木炭或者一根红"赭石"（赤铁矿的一种，呈暗棕色，可做颜料，在木工业可用于在木头上做标记）在平整木板的一侧写字。 烟囱一角的圆木上记满了他零乱的笔记。 当把笔记牢记于心时，他就把写在木头上的字迹擦掉，以便腾出地方来记别的东西。

纸是稀有物品，所能得到的每张纸片，他都要精心保存。他用浆果汁液、胡核壳或者野荆棘的根液做墨水，他的笔是鹅毛或者火鸡毛做成的，当时这是最好的了。 练习课本的许多页码上，他写满了图形、数字和算术例题，这些直到今天我们还能看到。

一个凉爽的秋日，他听说新拓居地有个叫约西亚·克劳福德的人有一本关于美国首任总统的书。 他马上前去借这本书。 克劳福德先生和颜悦色地同意借给他，并嘱咐他一定要小心，别把它弄脏了。

这少年刚迈开回家的步子，就迫不及待地翻开书读起来。这本书是威姆斯写的《华盛顿生平》，对他而言，这是本非常精彩的书，使他内心充满了前所未有的高尚思想和崇高的渴望。他慢慢走回家后，一直读到夜幕降临。 晚饭后，在火炉一角，他又开始读，直到最后一根木柴烧成灰烬，直到炉膛中不再有忽隐忽现的火星儿。 他顺着木梯爬到阁楼的床上时，已是凌晨时分。

他把书也带上阁楼，放在两根木柱的夹缝中，这样，等晨曦微露时，他不用起床，一伸手就能拿出它继续阅读。 早晨，他被屋顶噼噼啪啪的落雨声惊醒。 他立即伸出手取出那本书，却沮丧地发现书已经被雨水浸泡湿透了。 书脊要散开了，一些页码粘在一起。 他急急慌慌地下床，生起炉火，把书烘干，希望还能读完它——但是，无论他如何努力，书再也没能回归原状。

早饭后他带上书去见书的主人，希望能解释一下事情始末。"我非常抱歉，"他说，"我愿意为您做任何事，只要结果能变好一些，您能安心一些。"

克劳福德先生说，这本书大约值 27 美分，他还表示，如果亚伯拉罕愿意给他干三天活，他就挺满意的了。 "您的意思是，干三天活就可以买下这本书？"男孩子问，"还是说，这三天活仅仅是弥补我对它造成的损害？"

"我的意思是，你可以得到那本书，"克劳福德先生说，"以后它对我没多大用处了。"

因此，在这三天内，亚伯拉罕又剥玉米又打草，最后，他兴高采烈地带着那本破书回家了。这是他自己用自己的劳动直接买到的第一件物品。他把那本书读了一遍又一遍。

在林子里和田野上干活时，他一心所想的是华盛顿——美国最伟大的人物——精彩的一生，他更加坚定了自己的决心，他要过非凡的一生，尽全力让一生精彩。也许是想成为一个爱国者、一个英雄人物？尽管那时他没奢想过当总统，但他最后达成了那种荣誉和尊贵。

船夫生涯

17岁的林肯，长得比一般成人还要高大，有着高高的个子、长长的褪，但他跨着大步走路时的那副样子看来有点儿滑稽。

开垦地的年轻人，见到这位高瘦个子老是在看书，心中都有点反感。

"哼，有什么了不起！"

"骄傲的家伙！"

在这样的开垦地上，十六七岁已算是成人了。大家都喜欢模仿大人的行为，喝酒就是其中之一。

酒馆里的年轻人，往往为一点小事，就打成一团。因此林肯不喜欢和这些人在一起。

一天，一个年轻人对林肯说："喂，你的个子虽然高，可是

我看你是个懦夫。"

　　林肯知道他来意不善，不想理他。 但是这名年轻人故意挑衅，一直在旁边冷言冷语。

　　"嘿，你让人家这样说，一点感觉都没有吗?"

　　一边说着，一边推了一下林肯的肩膀。

　　一直不说话的林肯，终于站了起来。

　　"好吧，你打算怎么样?"

　　林肯卷起衣袖，露出长长的手臂，围观的人看到那么长的手臂，不禁都笑了起来。

　　那名年轻人吼了一声："你别神气!"就冲了过来。 大家都认为这下子林肯可惨了!

　　谁知林肯一拳打中对方脸部时，年轻人立刻倒了下去，好半天都爬不起来。

　　林肯脸上毫无得意的表情，他一声不响地走了。

　　从此以后，再也没有人敢惹这位高个子了。

　　林肯仍然继续埋头工作，但是心情总是十分忧闷，因为他书读得愈多，愈觉得自己的知识不够。

　　想要在社会上立足，必须要有一技之长，或是懂得法律，但是自己什么都没有学过。

　　难道自己一辈子都要在垦区挖土吗?

　　林肯很喜欢田里的工作，但他了解这种开垦的工作，必须付出很大的代价。 住在荒野的人，有时会受到野兽袭击;有时会被印第安人攻掠。 如果暴风雨肆虐，河水泛滥成灾，辛苦开垦的土地立刻就荡然无存。 相反的，如果久旱不雨，土地会龟裂，农作物就全都枯死。

　　而且在垦区，没有什么学校，小孩子都像原始人一样无知，只知道打架闹事。 又没有医生，不幸得了重病，就无药可救，母亲和姐姐就是因此失去了宝贵的生命。

　　林肯最大的心愿，便是设法使垦区成为较易生存的地方，并改善拓荒者的生活，但这个愿望那时还无法实现。

　　林肯知道自己已经长大了，必须靠自己的力量生活，于是和父亲商量，到俄亥俄河岸的农场去为人做工赚钱。

　　这是林肯第一次离开父亲去自力更生。

　　林肯对田地里的工作可说是驾轻就熟，无论是锄地垦田、打柴挖井、照顾家畜、运货去卖，他都做得很好。

　　俄亥俄河是密西西比河的支流，虽是支流，却算是一条大河，有很多船只行驶其上。

　　1826 年，林肯 17 岁时，美国的开垦地已扩大到密西西比河的西面了。

　　当时的美国，就像是一个不断膨胀的气球，一再地扩张领土，政治与经济也不断地发展。

　　前面已经说过，美国独立之后，欧洲的移民蜂拥而至。 移民最多的时期，是 1815～1816 年。

★★★★★★★★★
资料链接
★★★★★★★★★

美国第二次独立战争

　　美国独立战争结束后，英美之间的主权之争并未停止。 1812 年的战争，正如人们对它的称谓——第二次独立战争，它因英国针对美国人的蛮横干预而引发。 在战争开始之前的几个月中，整个国家处于恐慌与危难之中。 西部地区人们最大的恐慌在于，害怕印第安人会和英国人联合起来进攻美国拓荒者的营地。 但哈里森将军领导下的美国士兵，在印第安纳的蒂皮卡诺与大队印第安人遭遇。 残酷的战役打响了，在这场战役中，印第安人惨败以至于自那以后很长时间内他们都不敢在那一带再惹任何麻烦。 在美国第二次独立战争中，许多战斗扩大到大海中和陆地上，不断加剧人们的悲痛。 最后，美国士兵在杰克逊将军率领下，在新奥尔良战役后，大败英国人。

　　英国对失去北美十三块拓荒地也心有不甘，想瞅准机会再夺回来。 1812 年 6 月 18 日，美国向英国宣战。 1812～1813 年，美国攻击英国北美拓荒地加拿大各省。1813 年 10 月至 1814 年 3 月，英国在欧洲击败拿破仑帝国，将更多的兵力增援北美战场。英国占领美国的缅因州，并且一度攻占美国首都华盛顿。但是英国陆军在美国南部的路易斯安那州战场，和恰普兰湖战役、巴尔的摩战役、新奥尔良战役中多次遭到挫败，海军也连遭败局。1815 年双方停战，边界恢复原状。

林肯尚未出生的前几年，欧洲不断地发生战争。法国皇帝拿破仑（1769～1821）征服了欧洲各国，英国全力对抗拿破仑的军队，终于在 1815 年获胜。

战争期间，英国自然无暇顾及其他的事，当战争结束后，才猛然发现美国的繁荣，因而非常震惊，想设法阻碍美国的发展，于 1813 年出兵攻击首都华盛顿。

但是在这个时候，英国内部却发生了问题。

英国农民除了耕地之外，还必须靠纺织羊毛，才足以维持生存。但是纺织品工业化之后，传统的手织业就无法与之竞争，农民的收入因而减少，生活更苦，大家都想移民到美国去。虽然政府一再制止，却没有用。

事实上，想移民到美国的，不仅是英国的农民。像荷兰、德国、意大利等地，因为拿破仑的征战，土地遭受严重破坏，农民们也都想去美国发展。

所以，横渡大西洋的船只，从来没有中断过。

肥沃的密西西比河中央平原，似乎敞开大门，热烈欢迎大量的移民。随着拓荒者的增加，河岸两旁形成了许多城市。

这条河流的主流和支流所产的农作物，大多卖给商人，商人收购了之后，便用船把农产品运到河口的新奥尔良去卖。因为当时还没有铁路，所以一切的货物，都靠船只来运输。

1807 年，詹姆士·富尔敦所发明的汽船，以现在的眼光来看，实在是简陋不堪，但是在当时，却是了不起的发明。那是在船的两侧装置大型水车，靠着水车旋转的力量使船往前走。富尔敦的汽船是在纽约哈得逊河河口试航的，不过，深受汽船恩惠的，却是密西西比河。

汽　船

普通船从河口到上流，要花上几个星期的时间，有了汽船，几天就可以到了。

林肯就住在俄亥俄河旁，每隔几天，就会看见这种装有水车的汽船驶来，船上、甲板上站满了旅人、移民、商人等。 林肯看到汽船，心中难免会有所憧憬。

一天，林肯划着借来的小船停在河边休息，突然跑过来两个人，气喘如牛地对林肯说："拜托、拜托，我们错过了时间，船已经开了，请你送我们过去好吗？"

他们用手指着停在河中央的大汽船。

林肯义不容辞地把两个人送了过去。

"谢谢！谢谢！终于赶上了，这是渡船费。"

说着，给了林肯两枚5毛钱的硬币。

林肯望着手里的钱，以为自已是在做梦。 辛苦工作一天，只能得到35分钱，现在载人一次，就得了1元钱。

本来只晓得埋头工作的林肯，现在终于改变了想法。 他立刻买了一艘小船，开始做起船夫来了。

原来这条大街直对着河流，但却没有设立码头，想要渡河的人，必须到稍远的下流去搭船。现在这里设了个渡口，大家觉得很方便。

林肯这一招很成功，有时客人太多，他忙都忙不过来。

这位瘦高个子并不像普通的船夫，只要生意好就可以了。

他在载客时，经常思索着："船要做成什么样子，才会走得更快？"

终于让他想出来了。于是林肯很早就起来，趁着清晨还没有客人的时候，到森林里去砍树、锯木，花了几天，做了一艘比原来的船更大、跑得更快的船。然后，把渡口移到客人更多的河岸去。

俄亥俄河恰好是印第安纳州与肯塔基州的河界，林肯是在印第安纳州这边做生意，用船把客人运到肯塔基那边去。他的生意很好，赚了不少钱。

对岸肯塔基州也有船夫，那是一对名叫迪尔的兄弟。

迪尔兄弟见林肯的生意比他们好，心生嫉妒。

一天，两兄弟在对岸向林肯招手，林肯马上把船划过去，想不到一上岸，两兄弟便抓着林肯大骂。

"你抢我们的生意，我要你好看！"

一边说着，想把林肯按到水里去。但是林肯用力一甩，就把他们甩开了。

迪尔兄弟知道敌不过林肯，便说："你的生意是违法的，我们到警察局去理论。"

林肯便跟着去了。

根据肯塔基州的法律，做渡船生意必须经过政府的同意许可。

一位叫贝特的治安官，先听了迪尔兄弟的控诉，然后听了林肯的陈述。听完之后，他认为林肯是在印第安纳州那边做生意，并未触犯肯塔基州的法律。

迪尔兄弟不得不服从贝特的裁决，心不甘情不愿地走了。

然后，贝特对林肯说："你不懂法律吗？一个再诚实的人，不懂法律也要吃亏的！"

于是这位治安官告诉林肯一些有关法律方面的事，林肯这才知道国家有国家的法律，而每个州也有自己的法律。保护好人的法律，有时也会被坏人利用。

从此以后，林肯经常到肯塔基州去请教贝特，他的心中，又有了另一个新的憧憬。

处在人际关系复杂的社会里，好人实在容易吃亏。林肯虽还不懂得法律，但是他的心中升起了一股强烈的愿望："我要尽力保护好人。"

两年之后，林肯 19 岁时，意外地获得一次长旅途行的机会。

一天，以前曾雇用林肯当店员的杂货店老板肯特利，对林肯说："你能不能跟我的儿子到新奥尔良去一趟？"

肯特利打算把他在当地搜购来的玉米、面粉、咸肉等农产品运到新奥尔良去卖。但是让自己的孩子阿连单独去，他觉得很不放心，特地来找林肯帮忙。

现在的新奥尔良

新奥尔良是密西西比河河口附近的城市。从那里顺流而下，需要很多天。一路上有危险的激流和浅滩，而载货的船又必须是平底船，因此很容易搁浅，技术不到家的人根本开不过去。晚上停靠在岸边的时候，说不定还会有强盗来抢劫，因此这种运货的工作，并不很轻松。

肯特利之所以会想到林肯，是因为林肯诚实可靠，臂力又大，加上又做过船夫，驾船的技术是一流的。

"如果你肯去，我就放心多了。一个月给你8块钱，你觉得如何？"

既可以趁机到外面去看看，又有报酬可拿，林肯想了想，便答应了下来。

林肯的父亲也对这个月薪8元的工作感到满意，便说："你就试试看吧。"

于是林肯开始了他拿手的造船工作，前后费了1个多月的时间，终于建造了一艘平底船。

接下来的工作，就是把货物一样样搬到船上去，这个时候林肯的一颗心，早就飞到新奥尔良去了。

这个季节正是冬末春初，河岸两旁有一些积雪。

货物装载完毕之后，林肯和阿连便满怀希望地上路了。他们顺流而下，很快驶离村落。

虽然风还很冷，但是天空晴朗，阳光洒在身上有种温暖的感觉。林肯撑着长长的竹竿站在船尾，神情很是愉快。

没想到第一天就出了问题。

船搁浅了！

船头翘了起来，船尾低下，逐渐下沉。

船上的货物全是农产品，要是浸了水，就糟了。阿连万分紧张。于是两个人跳下河，拼命推船。但是船仍然不动，两个人无计可施，只好回到船上，拼命把船上的积水舀出来。

太阳下山了。

林肯和阿连就这样舀了一夜的水。

第二天早上，河边垦荒的人划船过来时，这只船的船尾已沉得和水面相平了。

林肯看见有船驶近，立刻放下了舀水的工作。河岸上围观的人冷眼看着，不知道这位瘦高个子要做什么。

林肯待那只船靠过来后，便飞快地把自己船上的货搬过去，不一会儿船变轻了，船尾渐渐往上浮。于是林肯立刻又把船尾的货移往船头，使船头渐渐地低下去，整艘船就平浮在水面了。

林肯见状，低下了头，在船尾凿洞。

"哎呀！他干什么？"

看的人不禁目瞪口呆。

林肯打好了洞，又把货物移一些到船尾去，船尾略往下斜，船上的积水便全从那个洞流了出去。林肯立刻把洞塞起来，然后跃入水中推船，不一会，船就离开了搁浅处。

"哗！"

看热闹的人都发出了欢呼。林肯一上岸，大家都围住他，七嘴八舌地赞美。这位诚朴的青年，反而不好意思，连耳根都红了。

获救的船经过一番整顿，当天就出发了。

第三天，进入了主流密西西比河。河面又宽又广，两岸连接着一望无际的大平原，远处是平原与天空交接的地平线，显得壮阔无比。

林肯小心地撑着船，虽然到处都有激流，他都巧妙地闪过了。晚上就把船靠在河边休息，十分惬意。

愈往下游走，天气愈暖和。

这时候，出现在河岸两边的，是无边无际的棉花田。

肯塔基州和印第安纳州到处是高山、山谷、丘陵和森林。同样是美国，景色却迥然不同。

一向生长在山地的林肯，心中很是惊奇。

差不多过了1个月，林肯一行人航行了1000多千米，终于来到了新奥尔良。

在这个异常繁荣的港口里，林肯首次见到海洋。

港口泊着无数的船只，有大得惊人的汽船、三支桅杆的帆船和无数小船穿梭于其间。排列在一旁的船只既整齐又壮观，桅杆林立，好看极了！

许许多多的码头工人在装货、卸货，来来往往的马车、熙攘的人群，再加上进港船只的汽笛声、小贩的叫卖声，构成了一幅热闹繁华的景色。

新奥尔良原是法国殖民地路易斯安那州的中心，这个州是美国在 1803 年向法国买下来的，从此以后便成为美国南部的第一大都市。

奴隶市场

美国独立，移民人口增多之后，首先开发的，就是密西西比河的下游地区。此处靠近墨西哥湾，气候温暖，终年有强烈的阳光。

路易斯安那、阿肯瑟、密西西比、阿拉巴马等州盛产棉花和甘蔗，为数极多的棉花和砂糖都由新奥尔良这个港口运销到欧洲去。因此，后来发展成为不亚于纽约港的大港口。

阿连运来的玉米、面粉、火腿和咸肉，都以相当高的价钱卖出，趁阿连做生意的时候，林肯就一个人到处去逛。

这里的街道热闹得很，店里堆满琳琅满目的商品，大多是林肯从来没有见过的。街上来往的行人中，有许多臂上刺花的水手，也有很多顶着行李的黑色皮肤的女人。

商店街道之外，有整齐的住宅区，屋子前有宽敞的阳台，庭院里栽着绿油油的热带植物，强烈的阳光透过那大片大片的叶子，亮晃晃地洒在地上。

这一切，都使得在内陆长大的林肯感到惊奇不已。

林肯逛过一个十分雅致的公园，也逛了一家书店。 这是他生平第一次进书店，那么多的书使他目眩神迷，不知道要买哪一本才好。

　　一天下午，林肯看见马路那边的广场上聚着一堆人，十分喧哗，便走过去看个究竟。

　　想不到出现在他眼前的，竟是令人无法置信的情景。

　　原来这是奴隶市场。

　　一个胖子手执鞭子站在前面，十四五个黑人，脚上全用脚链拴在

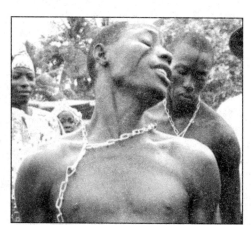

黑　奴

一起，慢慢地绕着圈子走动。 这些黑人有男有女，也有小孩，身上都穿着破烂的衣服，光着脚。 有的人所穿的衣服都已烂成布条，身上满是鞭痕。 这些黑人骨架都很好，但全都疲惫沮丧。

　　围观的人大多是农场的主人或工头，他们瞪着眼好像买牲畜一样地端详着这些黑人的身体。

　　黑奴们拖着笨重的脚链，依照胖子的指示走动。

　　胖子不时地扬起鞭子吓唬黑人，黑人以为鞭子就要打下来，总会害怕地躲闪，眼神里充满了恐惧。 林肯看到这副景象，心痛极了，握紧了拳头，血脉喷张。

　　胖子像拍卖牲口一样，让黑人一个个站到台上去，开始让客人喊价。 围观的人一拥而上，捏捏黑人的手臂、肩膀，掀开他们的嘴唇，检查牙齿……

　　"500 元！"

　　有人喊价了，于是其他的人一次一次地往上加。 年轻力壮的黑人可以高价卖出。 买到的人，立刻用手铐扣在黑奴手上，

像拖野狗似的拖着走了。

大部分的黑奴都无言地任凭白人摆布，但也有使出力量反抗的，其实这些反抗有什么用？皮鞭子立刻兜头扫下，黑奴只能咬着牙满地打滚，最后以含恨的眼神瞪着自己的新主人，让他拖着走。

同样是人，为什么要这样残酷相待？

黑 奴

当时的黑人毫无地位，谁也不把他们当人看待，只不过是活商品而已。

这些黑人让人买回去之后，便带到农场，像牛马一样地被驱使。

每当林肯听到那咻咻的鞭子声，就好像是自己受到鞭打一样，心中一阵绞痛。黑人惨叫的声音，如同一把利剑，刺进他的心房。

林肯再也不忍看下去，他实在痛恨这些围观的买主。

保护人民的法律竟会容许这样的事存在？

林肯怎么想也想不通，心里又气又恨，他整天在街上踱着，边走边思索。

他以前所住的肯塔基州和印第安纳州，也有一些黑人，但是当地人都靠自己的双手开拓土地，大家没有钱买黑人，也没有那么大的土地来使用黑人。

当美国还是殖民地的时代，十三州的南方，也就是现在的弗吉尼亚、南北卡罗来纳的移民，都拥有广大的土地，那些土地适合种植棉花。但是因为人手不足，开垦的面积一直无法扩大。

后来，一些奴隶贩子就动起脑筋来，想出这种不人道的方法。

黑奴源源不绝地从非洲运来之后，农场的主人都很高兴。

十三州独立成为合众国时，除了马萨诸塞州之外，其他的各州都有奴隶。

马萨诸塞州大多是一些最早移民来的清教徒，他们认为役使农奴是不人道的行为。

对美国独立极有贡献的华盛顿和杰斐逊，也反对这项制度，但是南北卡罗来纳州和乔治亚州的人却表示："如果废止奴隶制度，我们就不参加合众国。"

因为这几个州有无数的大农场需要黑奴。

1793年，伊莱·惠特尼发明了轧棉机，这是一种可将棉花种子除去的机械。轧棉机的问世，使得除去种子的工作比过去快上20倍。

农场的主人一再地扩大农场范围，结果更感人手不足，也就更需要黑奴，奴隶贩子也就更肆虐地去抓黑人。这些贩子多半是原先在英、法、荷兰等地从事走私的船商，后来他们发现贩卖奴隶比走私的利益好几百倍。

他们雇用了一些枪手到非洲密林去抓黑人。使用的方法不同，有些是用枪去胁迫；有些则以花布、钱币等和酋长交换，有时候一次交易可以换得一二十人。

黑人抓来之后，一律戴上手铐脚镣，越过沙漠，带到海边去。这一路上会有许多黑人因疲惫不堪，或受不了鞭笞而死去。生存的到了港口，便被带上运奴隶的船。

船舱里钉了两三层架子，船员把黑人像货物一样塞进架子，被塞进去之后，只能躺着。脚上挂着笨重的铁链，根本不能动弹，大小便也只能当场解决，被塞在船舱里的人，真是还不如牲口！

这一路上，他们每天只有一点点的食物，再加上连动都不能动，一大半的人都会生病，病死的，立刻就被丢进海里。

美国南部贩卖黑奴的情形

就这样，经过一两个月的折腾之后才抵达美国，一上岸，他们立刻被带到市场上去拍卖。

这些奴隶市场上的黑人，除了非洲抓来的之外，也有在美国出生的或是黑白混血的。

在当时，只要具有部分黑人血统，就被视为黑人。

港口几乎每天都有奴隶市场，因为每天都有运奴隶的船只抵达。自从美国独立以来，不知道有多少黑人被送到美国的农场去。

黑奴们到了农场，虽然脚上的铁链可以除去，但是所过的，一样是非人的生活。他们住的，是比兽栏更脏的奴隶宿舍。一大早就要到田里去工作，一直做到太阳下山之后。他们要采棉花、种棉花、照顾家畜、操作轧棉机。农忙的时候要工作到半夜，从早到晚没有片刻休息。

每个黑奴做完一天的工作之后，全都累得连话都讲不出来。一旦生了病或受了伤，就会被抛弃。

这样的生活毫无希望，只能一天一天地捱下去。

规模大一点的农场，都雇有监督奴隶工作的工头，这些工头们都残酷成性，竟相夸耀自己奴役黑人的本事，只要黑奴们稍不顺意，无情的鞭子立刻劈头抽来。

有的黑奴受不了这种苦楚，企图逃跑，但是多半都会被捉回来，一捉回来，只有死路一条。

女黑奴多半在主人家里当佣人，一辈子伺候人。

靠着这些黑人劳力，南方各州愈来愈富裕。 大农场主的家里，布置得宛如欧洲贵族的宫殿。 夫人和小姐们，都住在城里，只有避暑时，才会到农场来。

奴隶们对那些豪华的马车、漂亮的衣饰，看得目瞪口呆。事实上，那些太太小姐们根本想不到她们的享受，全是这些黑人流血流汗换来的！

独立二三十年，美国的棉花已大量地销往欧洲各国，赚取了无数的外汇，因此，赞成役使奴隶的人，更是振振有词了。

当美国独立之初，因为奴隶制度的问题难以解决，便交由各州自己去解决。

农场较少的北方各州，都取消了奴隶制度，但是南方各州没有一个州愿意取消。

这就是林肯在新奥尔良看见的一切。

15 世纪美国南方的棉花田，工作者都是黑人

林肯知道这件事不是自己解决得了的，但是黑人们悲哀的呻吟、痛苦的眼神却一直萦绕在他的脑海里。

　　"为何能容许这种情形存在？"

　　林肯真是痛心极了！

　　阿连做好了生意，把平底船卖掉，两个人便搭汽船回家。阿连因为赚了钱，心里非常高兴，因此表情愉悦。而林肯却因目睹了这一幕人间惨剧，心情恶劣到极点。

　　汽船载着这两个情绪截然不同的人，呼啸着往密西西比河的上游开去。

爱与正义的斗士

　　我们关心的，不是你是否失败了，而是你对失败能否无怨。

——林肯

正人君子

林肯已经 21 岁了。

这个时期，前往印第安纳州西方的伊利诺州的人已经很多。 伊利诺州是一块大平原，土地肥沃。

林肯的父亲又开始心动了。

父亲虽然年纪已大，心中仍充满热忱和理想。 在他有生之年，要不断地追求更好的土地。

于是全家决定迁往伊利诺州。

二月，他们一家人乘坐马车，带领家畜，浩浩荡荡地出发了。

他们越过了尚在积雪的冬季草原，一个星期以后，终于到达了伊利诺州。

伊利诺州位于密西根湖的南方。 在平原的中央，有个叫春田的小镇，他们一家人就在距春田镇 2 千米的南方森林中住下。

一切都和过去一样，先建个小木屋，再砍伐森林，开辟田地。 这里的土地的确很肥沃，但是要有收获，还必须等待一段时期。 在这段日子里，一点收入也没有，因此，一家人仍然过着贫穷的生活。

林肯帮着父亲弄好田地之后，开始萌生起独立的念头。

21 岁，在美国法律上，已经是有选举权的公民，林肯觉得自己不能再靠父亲生活了。

就在这个时候，林肯在春田镇认识了一位名叫欧威特的人，他住在纽赛兰镇，是个生意人。他很欣赏林肯，打算雇用他。

"你能否替我载货到新奥尔良去卖?"

林肯知道这和上次一样，是危险的旅程，但仍然答应了下来。这次他带着弟弟约翰一起去。

一切都很顺利，中途没有搁浅。但是到达新奥尔良之后，火腿和咸肉都腐烂了。

林肯很快地又回到了伊利诺。

这次到新奥尔良，他再次看见了贩卖黑奴的场面，内心同样地愤恨和激动，因此又想起了上次的疑问。

"为什么会容许这种事情发生?"

欧威特看到林肯忧闷的表情，以为是生意不好的关系，便拍着林肯的肩膀安慰他说："没有关系，这次的亏损很快就能赚回来。你要不要和我到纽赛兰去?那个地方很有发展，我想开个店铺，生意一定会很好。"

新奥尔码头的奴隶

一心想独立的林肯，觉得这是个可行的方法，父亲也很赞成。不过，林肯又有点犹豫不决，他内心深处，总认为自己不适合做生意，而且，自己很渴望能多念点书，充实自己。

第二年的夏天，林肯终于下定了决心："我还是先独立再说。"

临别之前，林肯吻了吻继母的额头，继母虽非他的亲生母亲，但一向对他疼爱有加。

"妈妈，再见了！"

"亚伯，你要多保重啊！"继母说着，流下了眼泪。

林肯坐上了小船，顺着桑克莫河，来到了纽赛兰。

欧威特见他来了，十分欢喜。

"你终于下定决心了？我一直等着你呢。"

欧威特有很多的计划，因为不久之后，汽船可以驶进纽赛兰，所以他想开个运输站，又想经营一家面粉工厂和木材工厂，他实在是个梦想很多的人。

说了自己的计划之后，欧威特想起了一件事。

他对林肯说："对了，有件事要先请你帮忙。"

原来这天正好是选举议员的日子。选举事务所的人手不够，必须找人去帮忙。

镇上以及乡下来的人，大都不识字，投票时，就站在选务员前面，说出自己要投谁的票，再由选务员写在墙上的表格里。

林肯受托的，就是这件事。这对他来说，简直轻而易举，林肯的动作干净利落，又快又好。在一旁监督的地方人士，都一致赞扬说："不错，这位青年真不错！"

林肯因此认识了这些地方上的名人。

纽赛兰是附近几个村落小镇的中心，正如欧威特所梦想的，很有发展前途。

不过，这个市镇究竟只是伊利诺平原上的一个小镇，居民不过 100 多人。

四周乡下的农民，把农产品运到镇上来出售，然后买些盐、农具、衣服等回去。 镇上设有学校、教会、医院等，可说相当的便利。

欧威特打算把自己原来的小店扩大成杂货店。

"我要开一家全伊利诺最大的店。"

不久，许多货物源源不断地运来了。 盐、糖、咖啡、酒、布料、鞋子、马靴、女帽、床单、厨具、小刀、针线……凡是开垦区所需要的，这里应有尽有。

林肯将整个店铺整理得井然有序又十分美观，开始做起生意来了。

他在选务所认识的校长，为他租了个小房子。 他每天早出晚归，认真地工作。

因为以前也做过店员，林肯做起这个工作来驾轻就熟。 而店里出入的都是各行各业的人，林肯可以听到各方面的消息，这是他最喜欢的事。

平时说话不多的林肯，一旦招待客人时，话却很多，口才也很好。 而且他懂得很多事，大家都喜欢请教他。 有的人到店里买东西，只是为了要听他说话；也有人是专程来请林肯为自己写信或读信。

"我的眼光哪里错得了？ 请这个人看店，生意一定好，我早就看准了！"

欧威特经常夸耀自己的眼光。

镇上的年轻人听了这种话，心里难免会不服气。

有一天晚上，一群年轻人涌向商店。

林肯老远就看见了，于是先走出门外等着。

一个名叫杰克的小伙子，首先发难说："很镇定嘛，怎么，想打架吗？"

杰克的个子虽不大，但肩宽有力，像头野牛似的，只见他话刚说完，就猛地冲过来。

林肯被他一撞，身子好像断成两半似的弯下了腰。 不过，他立刻站稳了脚步，伸手一抓，捏住了杰克的脖子。

杰克满脸透红地挣扎着。

林肯向来反对打架，本想就此罢手，但是眼见其他的年轻人似乎还想冲过来的样子，知道自己必须再吓吓他们。于是，他用力一摔，把杰克狠狠地摔倒在地上。

杰克跌得鼻青眼肿，好半天才爬起来喘个不停。

林肯走过去，把杰克扶起来，问道："有没有受伤？我并没有意要摔你，只是用力过猛，对不起!"

说完，还伸出手来和杰克握手。

从此以后，林肯和他们成了朋友。对这样一个有知识、有礼貌、腕力又大的人，谁会不敬重呢？

一天晚上打烊时，林肯发现多收了一个客人6分钱。

虽然只是一点点钱，但林肯连夜走了10多千米的路，把钱送去还给人家。

这件事传开以后，大家都说："真是一位正人君子!"

林肯从不注重别人对他的好评，他只是努力工作，一有空，就埋头读书。

经常到店里来看他的校长，有一天对他说："你的口才虽然不错，但是有些字用法不对，应该多学习文法。"

林肯自己也知道这个缺点，他很感激校长的指点，希望向校长借书，但是学校里的书上课要用，白天不能外借。

校长告诉他十五六千米外，有一家人有文法书。

当天晚上打烊后，林肯便赶夜路去借书。

文法书和别的书不同，必须用心研读才能懂。渐渐地，林肯了解什么才是正确的文章。他对自己过去不懂文法而乱讲，觉得很丢脸。

林肯的读书方法就是这样，尽量靠自己去理解，不懂的地方，去请教别人，把它牢牢地记在脑子里。

林肯曾经看过地理方面的书籍，他的知识已经从美国扩及整个世界了。

一年之后，他认为到纽赛兰是对的。

在镇上，他经常参加青年们的辩论会，能够参加这种聚会，是他最高兴的事。

美国是个主张民主主义的国家，政府是为了保护人民的自由而成立的。 各州的政治也一样，是替人民行使意见的机构，每个州都有议会，好像一个小国家一样。

议会集合了人民的意见，决定州的法律，监督和鼓励政府。重要的事，都要州民投票才能决定。

但是，从欧洲移民来的人，并不懂得这些，他们每天为了生活几乎无暇顾及其他。 不过，在美国出生的这一代，就大大不同了，他们了解自由和权力的意义。

门罗像

像生活在纽赛兰这样的开垦区的人，也都能了解美国的独立精神。 年青一代，多半对美国感到骄傲。

1823 年，也就是林肯 14 岁那年，美国总统门罗（1758～1831）曾发表宣言——欧洲各国不要干涉美洲的政治，美洲也不干涉欧洲的事。

这就是有名的《门罗主义》。

美国独立不到 50 年，已经可以和英国、法国、俄国等欧洲国家并驾齐驱了。

开垦区的青年已经知道美国是世界上最进步的国家。

在辩论会上，林肯以自由为题发表演讲。

站在讲台上的林肯态度极为认真，十分吸引人。

林肯以简单的字眼来解释自由的重要，大家都听得懂，引用的例子也很浅显，因此他的演说很受欢迎。 大家一致认为，这样的人才当个店员，未免太大材小用了！

在这一年中，林肯一切都很顺利，美中不足的是，他的老板欧威特总是一味幻想，不肯付诸行动，结果负债累累，不得不宣告破产。

于是林肯失业了！

他的神态，又回到以前的沉郁。

朋友们见林肯无事可做，便建议说："最近要举行州议员选举，你知识丰富，又会演说，为人又诚恳，实在是当议员的人选，试试看吧。"

林肯考虑了很久，心想："像我这样没有学问的人，可以当议员吗？"

最后，他决定参与竞选。

一旦下了决心，就不再犹豫，立刻开始竞选活动。

当时竞选州议员，并非衣冠楚楚地站在台上演讲，而是穿着平常的衣服，骑着马到每个村落去，一次只向五六个人说话。

林肯说话既不夸大也不矫饰，他以最平实的语句发表政见。

在广阔的美国，大家最头痛的，便是交通问题。虽然大河流已有汽船行驶，但是内陆的居民，却不能享受此种方便。住在伊利诺州南方的人，无论是外出旅行或是运销农产品，都感到极不方便。

1814年，英国的史帝文生发明了火车，从此以后，各国都纷纷铺设铁路，利用火车来运输。

1827年，美国东部一带，已出现了铁路网的雏形，不到30年，东部的铁路已延伸到密西根湖畔了。

伊利诺州的州政府开始计划要在南方平原铺设铁路，但是铺设铁路需要很多钱，政府负担不起，若要收税，人民也无力缴那么重的费用。

林肯针对这一点，认为："我们这一州境内的湖泊很多，可以开凿运河使它们连贯起来，让汽船驶入，这样比铺设铁路省钱多了。"

林肯也很注意土地问题。伊利诺州有很多移民，而这些移民都不是有钱人，为了买块土地，多半都借高利贷，以致辛苦工作所得，全都缴利息去了。

因此林肯主张："利率标准应由法律规定。"

此外，林肯还主张普遍设立学校，让开垦区的小孩们都能念书。

最后，林肯说："如果大家同意我的意见，就投我一票。如果认为我不行，也不要紧，我自小吃尽苦头，落选也不会受到打击。"

这时候正是春天，林肯每天都奔波于乡村的小路上。

就在这时，发生了印第安人攻向伊利诺的事件。

伊利诺州西方，密西西比河的对岸，是俄亥俄州和内布拉加平原。 当地有很多垦荒者，但是那些尚未开垦的原始林里，也有很多的印第安人。

印第安人中有一个萨克族，酋长叫黑鹰，是个厉害的人物。他经常带着手下出没于开垦区，抢夺马匹、子弹、财物等。 每次出击多半是 10 人到 20 人。

但是这一次，却是几百个人一起到处杀掠。

州政府立刻召集义勇兵。 消息一经发布，很多人都去报名，林肯也停下了竞选活动，报名参加义勇兵。

纽赛兰选出了 25 名青年，由林肯当队长。

义勇兵勇敢地和印第安人作战，把他们追到州的北方去。黑鹰终被逮捕，战争很快结束了。

林肯在战争期间认识了史都华。 史都华比林肯年长两岁，是春田镇的律师，很有才干。

史都华和林肯相处了一段时间，对林肯很了解，当林肯要回纽赛兰时，便对他说："你是个能为大众着想的人，很适合当律师，你应该学习法律。"

林肯也有此意，但是州议员的选期已很迫切，他必须先从事竞选工作。

镇上的人并不太重视这位穿着粗布衣裳的高个子，但是垦荒区的农民都很爱听林肯说话，只要见到他来，多半会停下工作，集在路旁等他说话。

但是这次竞选，林肯却失败了！

值得告慰的是，在纽赛兰这一区里，300票中他获得了270票。所以林肯很高兴，认为下次一定可以当选。

邮政局长兼测量师

当林肯正为找事发愁时，镇上正好有人要转让店铺，于是林肯便和一位叫裴里的人把店承接了下来。

刚开始时，店里的生意还不错，但是日子一久，就出现了危机。因为裴里是个酒鬼，整天什么事都不管，只顾喝酒，而林肯一有空就看书，只像店员，不像老板。

当个店员，只要招呼客人就好，但是当一个老板，必须采购

林肯的商店

货品，管理一切的事。

林肯是个老实人，根本不会讲价，结果进货都比别人贵，自然没有什么利润可图。

爱喝酒的裴里，终于因酒醉而死。

这家商店，只好关门了。

当初接下这个店铺时，林肯和裴里的钱都是向人借来的，现在裴里一死，所有的债务都落在林肯身上了。

借款共约 1000 元，如果一点一点分摊，恐怕要 10 年、20 年才能还清。

林肯一想到这里，又忧愁起来。

朋友们都很关心他的处境。

"邮局局长辞职了，你愿不愿意做这个工作？"

纽赛兰的邮局很小，从上到下，就只有局长这么一个职员。平时工作很清闲，每星期邮政马车会来一趟，只有这天忙一点。马车运来的邮件中，有许多报纸。 对林肯来说，最具吸引力的，就是这些报纸。

"好，我试试看！"

就这样，林肯当了邮政局长。

他很喜欢这个工作，如果不是负债，倒真是舒服极了！但是微薄的薪水，实在不够还债。

另一位朋友告诉林肯说："测量师的收入比较多，我认识一位测量师，可以介绍给你，你学学看。"

纽赛兰这个地区每天都有移民来，移民一到，第一件事就是向政府买土地。 划定土地的界线，必须由测量师来做。 但是此地的测量师只有一位，天天忙得不可开交。

"不错，这是个好职业。"

林肯这样想。 但是想要从事测量工作，必须懂得数学。 林肯只好去借测量书，自己认真地学习起来。

林肯对那些难懂的数学觉得头痛万分，幸亏校长热心地来教他，这才解决了难题。

林肯一边做局长，一边学数学，还不时趁着空档替人打工，无非是想增加收入以便还债。

又要工作，又要读书，林肯原本瘦削的身体更瘦了。

2个月之后，林肯终于成为合格的测量师。

他把测量器扛在肩上，迈着长长的腿出现在丘陵上和草原上。

林肯很喜欢这份工作，因为整天在大自然里，不必讨好别人，也不必与人交际，他又好像回到了小时候的光景。

一方面做邮局的局长，一方面当测量师，这样下去，一定可以把债务还清了。

就在这个时候，发生了一件喜事。

当林肯来纽赛兰不久，房东拉特雷吉就邀请他加入辩论会。辩论会经常在拉特雷吉经营的客栈里举行，林肯因此结识了他们一家人。

拉特雷吉家有位名叫安的姑娘，长得美丽娴静，常常坐在听众席上听林肯演讲。她那动人的倩影，深深地吸引着林肯的心。

当林肯还在开店时，安就常去买东西，每次她来，林肯就会无端紧张起来。

随着与拉特雷吉家的熟悉，林肯和安已经成为很熟的朋友。林肯每次去她家，安都会抽空和林肯躲到角落里去看报或看书。

高高瘦瘦的林肯，外表说不上英俊潇洒，林肯也知道自己不是女孩子心目中理想的对象，而且安又是有钱人家的女儿，自己实在高攀不上，所以他一点也不敢存有和安结婚的念头。

事实上，安却很欣赏林肯的好学不倦，能和林肯一块儿读书、看报，是她感到最高兴的事。

但安究竟是个含蓄的女孩子，她不敢向林肯表示好感。表面上，彼此之间只是像朋友一样来往。

林肯虽不善交际，但他为人诚挚，因此拥有许多好朋友。他和安的感情，谁都看得出来，于是朋友们告诉了拉特雷吉。

　　就这样，林肯和安有了婚约。这实在是件喜事。

　　距离上次州议员选举，已有2年了，林肯想再参加竞选，朋友们都很赞成。

　　在春田镇当律师的史都华也说："州议员中不乏假公济私之辈，正需要你这种人出来。"

　　于是林肯又登记为候选人，和上次一样，巡回各地从事竞选活动。

　　有一次，正当林肯准备发表政见之时，听见有人叹息着说：

林肯的画像

"唉！这个党没什么理想的人，不听也罢！"

　　但是当林肯演讲完毕时，这个人却又高兴地说："太棒了！其他的候选人都比不上这个人！"

　　林肯所参加的政党，叫做自由党。在这次的选举中，自由党推出的一些候选人，都没有什么号召力。

　　结果，林肯却以第二高票当选了州议员。

　　一个乡下的测量师，居然击败了好几位地方上有背景的人，赢得州议员的席位。

　　这时候，林肯才25岁。

　　成为州议员的林肯，仍然穿着褪色的外衣、肘部磨得发亮的衬衫和有补丁的裤子。

　　"这样子很难看！"

　　林肯自己也发现了，于是向朋友借了200元，做了一套新衣服，并买了一双皮鞋。

　　这是林肯生平第一次穿上像样的衣服。当年的12月，议会要开会。史都华也在这次的选举中当选了，于是两人连袂到伊利诺州的议会所在地潘大利亚市。

林肯的瘦高个子，使他在议会中显得十分醒目，而且开起会来，他讨论得比谁都认真。

从密西根湖南岸向南延伸 600 千米的一大块地方，都属于伊利诺州。

1818 年伊利诺成为州时，这么一大块土地上，只有四五千名拓荒者。 当林肯当选议员时，人口已增为 20 万，到处都有村落和城市。 而最大的缺憾，就是这些城市之间，没有马路连接；许多河流也没有桥梁，使得农作物的运输极为不便。

解决的方法，不是开凿运河就是铺设铁路，但是这两个办法都要很大的一笔经费，经费的来源，无非是收州民的税。

诸如此类的问题，都必须在议会上提出讨论。

做过开垦区邮局局长和测量师的林肯，最了解开垦区人民的需要。 他认为，与其开凿大运河，不如挖掘小运河，把邻近的河流接通。 此外，与其铺设铁路，不如先铺马路和架设桥梁，以利交通和运输。

内陆的开垦区缺乏医生，一旦有人生了重病，只好坐以待毙。 至于在各开垦区设立学校，更是刻不容缓的事，如果没有学校，在荒野中长大的孩子，很容易变成野蛮人。

林肯的意见，都是针对着开垦荒区的需要，他想到什么便说什么，并不考虑其他的问题。

老议员们都取笑他说："这家伙是肯塔基来的山猴！"

林肯不以为然地笑着说："我的个子高、手臂长，老早就有人说我是长臂猿，现在又有人笑我是山猴，真是无独有偶！"

过了年，会议结束，林肯又回到纽赛兰。 开会期间，每天有 3 块钱的津贴。 现在回来，又得当个测量师，每天奔波于山地之间了。

林肯当了州议员之后，更加了解法律的重要，因此，学习法律的意念也更强了。 于是他一有空就研读法律书籍，遇到问题，就去请教春田镇的史都华。

"他什么事都想知道。"一个朋友这样说。

但是林肯并非盲目地追求知识，因为他已有了目标。

拉特雷吉一家不再经营客栈，搬到邻村去了。林肯常常骑着马去看安，安知道林肯在研读法律，常常鼓励他。

那一年的夏天很热，不知为何竟然开始流行疟疾，死了很多人。安不幸被传染，发着高烧。林肯每天一大早就去看她，下了班之后，也迫不及待地赶去，照顾到半夜才回家。

没想到，一天晚上，安在林肯紧握的手中去世了！

林肯的悲痛是可想而知的。

下葬那天，旁人对林肯说："你跟安说几句话吧。"

林肯注视着安的坟墓，一句话也说不出来，满脸泪水地离开了伤心地。

从此以后，每当下大雨、刮大风的晚上，林肯总是到安的坟前呆立着。

他对朋友说："一想到安的坟被风吹雨打，我就受不了！"

秋天过去，下雪的季节很快就来临。

12月，州议会又要召开会议了。

林肯重新振作起来，为更多不幸的人服务。

会议期间，林肯照样坚持自己的主张，使得反对党的人十分厌恶他。当时，美国有两个政党：一个是林肯参加的自由党；另一个便是民主党。民主党是独立运动领导人之一杰佛逊组织的，其宗旨是：美国是由州构成的国家，必须尊重各州的自由。

南方有许多大地主，对于尊重各州自由的民主党很欢迎。

而自由党的宗旨，是尊重中央政府的力量，这一主张在北方各州较有势力。

这两个政党比起来，拥有较多优秀人才的民主党占优势，历年来，总统多半出身于民主党。

伊利诺州的议会，也是民主党的势力较大，这些州议员，多半是大农场的主人、富有的律师、州里的上流人士等。其中有

林肯

位史蒂芬·道格拉斯的青年议员特别杰出，他比林肯年轻，很有主见和辩才，大家都认为此人以后一定会到中央政界去。

很多议员都瞧不起林肯，只有道格拉斯认为他并不是个普通的乡下人，以后会成为他的对手。

州议员的任期是两年。林肯在任期届满后，便不再竞选，其中原因很多，也许是看不惯其他议员的作风，也许是想再充实自己，以便日后成为杰出的政治家。

律师林肯

后来林肯参加律师考试，他的努力没有白费，终于成为正式的律师。

"恭喜你了，亚伯！"

纽赛兰的一些朋友们，都很为他高兴，以为他将在纽赛兰发展事业，但是林肯却悄悄地离开了。

他认为自己应该到较大的春田镇去求发展。

要离开已经住了5年的纽赛兰，心里多少有点舍不得，但是这里是恋人病逝的地方，一想起来就难过。再说，自己还年轻，应该到别的地方去见见世面。

"目前州政府已迁到春田镇，其他的机构，也都会陆续迁移过来，已经很像个大都市了。在那种地方当律师，才会有前途。"林肯想。

林肯，这位乡下律师，就像开垦区内经常迁移的移民一样，绑在马背上的皮箱，就是他的全部财产。

到了春田镇，林肯来到一位名叫史比特的人所开的杂货店，想买一张床。

"这张床多少钱？"

"算你 17 元就好了。"

林肯很为难，因为他的口袋里只有 7 元钱。

"我的钱不够，你能不能先把这张床借我，我想在这里开一家律师事务所，如果顺利的话，不用多久就可以还你。"

林肯的个性就是这样，有什么困难就直言不讳。

"没有关系，你拿去用好了。 我想你也需要一个安身的地方，如果不嫌弃，我的二楼有个小房间可以租给你。"

史比特很热心地替林肯着想。

林肯租下了杂货店二楼的小房间之后，便去找史都华，史都华见林肯来了，非常高兴地对他说："我将来要竞选国会议员，如果当选，就不能再当律师，你来了正好可以和我合作，以后我就没有后顾之忧了。"

原来不知如何创业的林肯，没想到一切如此简单地就解决了。

于是两个人就在法院附近，开了一家法律事务所。

四度竞选州议员

位于开垦区中心的春田，是个不算小的市镇。 主要街道的两旁，有很多的杂货铺、农具店和酒吧。 杂货店里的商品，有很多是林肯无法想象的。

从小就穿鹿皮裤子长大的林肯，在他的印象里，凡是生活上的必需品，多半是家人自己动手做的，但是现在商店里什么东西都有，难怪会使他惊讶。

林肯每天上班，都要经过几家商店，每次看到店里挂着的那些漂亮衣服，就会想到死去的母亲和姐姐，她们一辈子都没有穿过这种衣服。

律师事务所的工作比想象中的轻松，由于史都华律师的名气很大，来委托办案的人很多。刚考上律师执照的林肯，工作极为认真，不管如何微小的案子，他都很热心，因此大家对他的印象极好。

租房子给林肯的史比特年龄与林肯相仿，非常好客，他家里经常有朋友聚会。林肯常常应邀参加，久而久之，已成为这群人的中心人物。

另一个受欢迎的，就是道格拉斯。

林肯属于自由党，道格拉斯属于民主党，这两个不同政党的人，经常有不同的意见。大家对于他们之间的论战最感兴趣。不过，辩论归辩论，这两个人彼此还是互相尊重。

不久，又到了竞选州议员的时候了。

这次的选举，必须和敌对党的候选人公开辩论。

道格拉斯

一次，一位民主党的候选人发表演说时说："自由党的绅士们个个都穿着最好的衣服，挂着金表，坐着马车出入，像个贵族一样；不像本党……"

林肯听他这么说，纵身上了讲台，大声说道："说话要有凭有据，不可以乱讲！"

对方吃了一惊，闪避之间，身上挂的金链子露了出来，挂在链子下端的金表亮晶晶地闪着光芒，台下的人看了，不禁哄堂大笑。

林肯正色说道："各位，自由党的人是否像贵族一样，看看我就晓得了。我是在内陆拓荒地长大的，上山下田，什么事都干过，请看看我的一双手，像贵族的手吗？我现在仍然很穷，每当看到自己的双手，我一样觉得自豪……"

群众都静静地听着。

这次的选举，自由党仍然没有什么出色的人选，但只有林肯例外，他当选了。

两年后，1840 年，林肯第四度竞选，又当选了。

林肯的个性和善固执，如果发现自己有错，立刻会自我改正。在与对方争论时，不会显出咄咄逼人之势。相反的，他可以在很紧张的场面中穿插些轻松的话，缓和大家的情绪。

但是当他一个人独处时，却显得十分沉静严肃。

由于他的锋芒渐露，大家都认为下届议员竞选时，自由党一定会提名林肯。

1840 年，林肯 31 岁。

这个时候，林肯已经成为春田镇的名人了。但是他那高瘦的身材、松垮垮的衣衫、埋头踏着大步走路的样子，仍然像个乡下人。

邂逅玛莉·特多小姐

当时在春田镇，有位名叫尼尼安·爱德华的青年富豪，他的父亲当过参议员，是有名的政治世家。

爱德华与林肯同年，对政治很感兴趣，热衷于社交。他很欣赏林肯，每次举行宴会，都邀请林肯参加。

不论大小宴会，每次都有社会名媛、闺阁千金等参加，钗光鬓影，满室生香。

"我实在无法适应这种生活！"

在那些穿戴得花枝招展的妇女面前，林肯总显得很不自在，一双长手，不知道要往哪儿摆才好！

一个下雪的晚上，林肯又很勉强地应邀去参加舞会。

爱德华一看见林肯来了，立刻迎上去说："你来得正好，我介绍一个人给你认识。"

在人群中，林肯发现了一位美丽的小姐，她那姣好的面貌，焕发着青春的气息，亮晶晶的眼睛里充满了智慧的光芒，那种气质和风范，十分引人注目。只见她穿着质料很好的大蓬裙，颈项和手上都戴着珠宝，闪闪发光。

"这是内人的妹妹，玛莉·特多小姐。"

爱德华这样介绍着。

不善交际的林肯显得很不好意思，弯了弯腰，不太自然地说："请多指教。"

玛莉是肯塔基银行总裁的千金，22岁，个性开朗大方，交际手腕很高明，在任何舞会中，都会成为中心人物。

玛莉·特多小姐

美丽的玛莉，对文学、艺术都有涉猎，很会弹钢琴，口才也好，不但可以陪着太太小姐们聊天，也能够和男人们高谈阔论。

从此以后，林肯经常在爱德华的宴会上遇到玛莉。

"我从来没见过这么美丽的小姐！"

林肯在心里这样想。

因为玛莉健谈，林肯慢慢地也和她熟了起来，两人常在一起聊天。但是玛莉是个任性的小姐，她想说什么就说什么，不管对方的反应如何，如果有人反对，就会生气，而且无论在什么场合，若不能成为主角，就不高兴。

"我第一次看到你，还以为你是从森林里钻出来的呢。"玛莉经常如此取笑林肯。

林肯也知道自己是个乡下人，但是，被人当面取笑，究竟是很难堪的事。不过，看见玛莉笑脸迎人的娇态，就生不起气来了。

"我并没有爱上玛莉。"

林肯常常这样对自己说。

爱德华的宴会上，另外有一位引人注目的绅士，他就是活跃于州议会的史蒂芬·道格拉斯。

道格拉斯风度翩翩，像个贵公子，举止文雅，处处都超人一等。

大家都认为道格拉斯与玛莉是天造地设的一对。

玛莉也知道别人都这么猜测，有一次在舞会上，她对朋友说："我选择对象不必有钱，只要将来能当总统，我就嫁给他。"

爽朗、聪明而又好胜的玛莉，很早就有这种梦想。

终于，林肯向玛莉求婚，玛莉居然答应了！

虽然如此，林肯仍常常想："她对我很有吸引力，但是，到底是不是我理想的妻子？"

由于林肯是个工作认真的人，因此不能常常陪着玛莉，娇纵任性的玛莉经常为了这件事而生气、闹别扭。

林肯的一颗心又开始忧虑起来，这虽然是个人人羡慕的婚姻，可是为什么一开始就这么不顺利？

不久，林肯终于和玛莉解除了婚约。

"世界上没有一个人比我更不幸的了！"林肯在当天的日记

上写下这么一句慨叹的话。

因为好朋友史都华当选众议员，到华盛顿去了。林肯的苦衷只好诉之于史比特。

刚好此时史比特把杂货店转给别人，打算回肯塔基州去。

他知道林肯心情不好，便对他说："跟我一起到肯塔基去旅行，也许你的情绪会好一点。"

林肯心想也好，便和他一起坐船到肯塔基去。

春天的肯塔基州，草原和丘陵正是最美丽的时候。

林肯感到最高兴的，是拜访了史比特的母亲，这位老人家好像是自己的母亲一样。

这次旅行，使林肯的情绪开朗多了。回到春田镇，正有许多事情等着他。

史都华当了国会议员，原来两人共同经营的律师事务所必须再找一位合伙人。于是林肯又找了一位名叫罗根的搭档，重新挂上了"林肯、罗根法律事务所"的招牌。

罗根工作很认真，许多事情都由他负责，因此林肯可以安心处理议会的事。

不过，林肯只有在工作时与人相处，下了班之后，就一个人过着孤寂的生活。

一天，林肯听说玛莉在解除婚约之后，非常伤心，无论什么舞会都不再参加。

林肯知道玛莉是为了自己，心里感到难过，认为是自己的责任，心情更加烦闷。

有一天晚上，春田报社的编辑举行一次宴会，林肯和玛莉都应邀参加。这位编辑有意撮合这两个

婚后的林肯

林肯
Linken

人，特地制造了这个机会。林肯和玛莉已经一年半没有交谈，彼此见了面之后，都说出了心里的话，经过一番叙旧，两个人又恢复了感情。

就在当年的 11 月，两个人复婚了。

乡下律师

林肯租了个房子，与玛莉开始过新生活。

虽然这个房子并不豪华，不适合千金小姐居住，但是玛莉却不嫌弃，心满意足地当个穷律师的妻子。聪明的玛莉，将有限的收入处理得很好，使林肯可以安心工作。她有空的时候，也帮林肯处理一些事情。

林肯觉得很幸福。

过了一年半，玛莉生了个男孩，林肯很担心小孩和自己长得一样难看，但是婴儿太小，看不出来像谁。

林肯夫妇

林肯
Linken

娃娃的哭声洪亮，林肯很高兴，取名为劳勃特。

渐渐地，林肯发现自己与玛莉在个性上相差太多。

"我并不想过奢侈的生活，不过，亚伯实在太邋遢了，真讨厌！"玛莉毫无顾忌地向别人这么说。

林肯不是一个讲究穿着的人，现在的他虽然每天穿着白衬衫、丝领带和黑西装，可是经常领带歪了也不知道，照样在街上行走。

他虽然已经是地方上的知名人士，仍然保持农民的朴实作风。

一年当中，会有一两次的巡回审判，这是由法官和律师到各乡镇去解决争端，林肯很喜欢这种工作。

一天，在乡下的马路上，林肯看见一位老妇人肩上扛着大捆的麦子，蹒跚地走着。

林肯立刻从马车上跳下来，说："你要到哪里去？我替你送去。"

说着，便把麦子扛在自己肩上。

他这种诚挚的态度，极受农民的欢迎。

由于他随时随地帮助别人，所以衣服很容易弄脏。

林肯从不摆架子，因为那种作风跟他的个性不合。

有时候晚上很晚还有客人来拜托他办紧急的案子，林肯就穿着睡衣起来开门。

"你这样子真是太不礼貌，多难看呀！"

玛莉认为很丢脸，

玛莉·特多像

非常生气。

"对待客人，何必那么严肃？"林肯这么说。

林肯有些举动，简直使玛莉完全无法忍受。有时候林肯即使穿得很正式和玛莉去参加宴会，玛莉也不满意：

"你为什么总是那么土？像个农夫似的！"

玛莉生性好强，家事处理得井井有条，在社交界很活跃，任何事情都不愿意输给别人。自己的丈夫，当然也不能比人差。

林肯的律师事务所

这两个人在生活上经常摩擦，每次发生争执，不善讲话的林肯都占下风。

外人看来这对夫妻好像很幸福，其实并不见得。

因为有了小孩，玛莉一直想要一个更大的房子，最好是有10个客房的大宅院。林肯拗不过她，最后，终于在市内较安静的地区买了新房子。这座屋子虽然不合玛莉的理想，但以后两人却不再吵架了。

每次外出，林肯都戴着一顶像烟囱一样的高帽子，他的个子本来就又高又瘦，这样一来，更显得像根竹竿似的。这种外表，根本不像漂亮的玛莉的丈夫。

林肯的表情比他和莉玛解除婚约时更加沉郁了。

有时候太阳已经下山，他仍留在办公室里，不想回家。

虽然家庭生活没什么乐趣，但是他在工作上，却赢得许多人的信赖，他也把大家都当做朋友，不管对方是贫是富，都一视同仁。

林肯认为，建立一个人人幸福的社会，是政治家的责任，也

林肯当时的住宅

是律师的任务。

当他参加巡回审判时，最喜欢和乡下的农民聊天。这时候的林肯，比在家里快活多了。他很高兴自己能够与众多的人接近，了解民众的需要。

结婚以后，林肯就不再竞选州议员，他专心从事律师工作。

大家都以为林肯会在这个小地方待一辈子。

但与他合伙的罗根，准备去竞选州议员了，于是林肯请了一个名叫威廉·汉顿的年轻人来当助手。

事实上，林肯另有他的抱负。

他愈了解民众，抱负就愈大。想要改善社会，必须了解人民的希望，把民众的事当成自己的事。

1846 年，林肯 37 岁。这一年正逢国会议员要选举。

美国的国会分为参议院和众议院，相当于英国的上院和下院。两院的议员都由每州投票选出，参议院的名额，每州限定为两名；众议院的名额，依州的人口多少来分配。

众议员代表人民，参议员代表州。也就是说，众议院的意见和立法，必须经过参议院的审核和决定。

举行众议员选举时，玛莉对林肯说："亚伯，你不要一直待在伊利诺州，应该到国会去闯一闯，你一定会当选的。"

玛莉看得出来林肯不是一位局限在伊利诺州的人物，同时在她心底的深处，一直希望自己能当个国会议员的夫人，可以在社交界一显身手。

林肯原来并无此意，但是他现在对整个国家的兴趣已超过一个州了，所以经过再三考虑，便下了决心。

随后，林肯成为自由党的候选人，且以最高票当选。

这位乡下律师，终于成为国会议员了。

19世纪对世界各国来说，是一个遽变的时代。

当时的欧洲，像英、法这些较大的国家，正处于急遽的变迁之中。

自从工厂采用蒸汽机以后，便开始大量生产，最早利用蒸汽机的，便是纺织业。

野心勃勃的玛莉

接着有了火车，汽船也在1838年首航于大西洋。

为了制造铁轨和各种机械，需要很多的铁，因此制铁工业很快地发展起来。连带的，煤矿业也跟着兴盛。

随着科学技术突飞猛进，各种新发明层出不穷，整个工业呈现出新的面貌。

随着工业的进展而繁荣的，便是商业。因为要将大量生产的产品运销到外国去，必须要有新的贸易手腕配合。

交易量提高，金钱的周转和运用就必须快，因此，新的行业——银行也跟着诞生。

致于政治方面，以前是由贵族操纵，现在则由资本家在发挥力量。

英国、荷兰、西班牙等欧洲国家在东方和美洲都有广大的殖民地，靠着这些殖民地，他们获得了惊人的利益。他们把从殖民地搜刮来的原料加工之后，又以高价卖给殖民地的人，由此获取暴利。

英国在东方原就拥有广大的殖民地，但是在利欲熏心之下，又把目标转向中国。

他们卖给中国的，既不是衣料，也不是工业产品，而是残害身心的鸦片。

1840 年，英国与清廷发生了历史上有名的鸦片战争。清廷战败，把香港割让给英国。

美国起先只晓得种植棉花和烟叶，但自从威廉·宾在弗吉尼亚州西部的山地开发了大煤矿之后，这个地方就逐渐演变为工业区，虽然一时还赶不上英国，但是炼铁工业和机械工业已打下了基础。再加上丰富的棉花产量，美国也开始逐渐发展纺织业。

纽约和波士顿的港口，建立了很多造船厂，顿时繁荣兴旺起来了。

开拓地一再地向西方扩展，移民一年年增加。

生活必需品的制造工厂日夜赶工，仍然供不应求。

1823 年，门罗总统宣布：

"美洲不干涉欧洲的政治，欧洲也不要干涉美洲的事务。"

他的方针既聪明又正确。

当时欧洲各国连年发生战争，彼此都弄得精疲力竭，而美国却趁这个时候，迅速发展。

美国自从独立以来，就存有一种胜过英国的竞争心理，但是这种心理，却变成防碍自由的绊脚石。

美国与邻国墨西哥之间，有块地叫做德克萨斯，人烟稀少，墨西哥一直认为这块土地是他们的，但是在 1845 年，美国却把它编入版图。

墨西哥政府非常震怒，遂在第二年发动了战事。美国方面由提拉将军领导迎战，大获全胜。

"哇！这么一大块地方，都是我们的了！"

美国人民都很高兴。

林肯当选国会议员，前往首都华盛顿时，恰好是这个时候。

这位高个子议员在国会中，一下子就吸引了别人的注意：

"他是谁？"

"哦，是伊利诺来的乡下律师！"

国会议员中，有很多人看不起他。

一向和善固执的林肯，针对着美、墨战争的问题，上台发表演说。

"这次战争，并非美国国民的意愿，而是属于民主党的波克总统，为了收买南方各州的人心所发动的战争。 这是一次不正当的战争，而且又牺牲了很多宝贵的生命，这些责任，必须由总统负责！"

只要林肯认为是对的，就直言不讳。 在全国为胜利欣喜不已时，他却说出了相反的意见。

国会议员对他大胆的言论，都感到惊异万分。 没有一个人赞成林肯的主张，连伊利诺州的人也都批评他的演说，很多人开始讲他的坏话。

为什么人们不承认对的意见？

林肯开始感到失望。

在国会开会期间，林肯也因其他的事感到困扰不已。 因为一些支持林肯的选民，纷纷来找林肯帮忙，有的想当官，有的想包揽某项工程。

如果是整个州的事，林肯一定义不容辞地帮忙，但是这些为自己谋私利的念头，林肯一概予以拒绝。 正因为如此，林肯在伊利诺州的声望开始下跌。

虽然来到了国会，但是一切都不理想。 因此，在任期届满后，林肯又回到了春田镇，依旧当他的乡下律师。

玛莉想要在社交界一展身手的美梦已告幻灭，但是林肯觉得如释重负。

他暗自庆幸地说："再也没有比当个乡下律师更好的了！"

美国国会

　　美国国会，是美国最高立法机关，由参议院和众议院组成。参议员由各州选民直接选出，每州2名，实行各州代表权平等原则。现有议员100名。当选参议员必须年满30岁，作为美国公民已满9年，当选时为选出州的居民。任期6年，每2年改选1/3，连选得连任。众议员数按各州人口比例分配，由直接选举产生，每州至少1名，人数固定为435名，必须年满25岁，作为美国公民已满7年，当选时为选出州的居民。任期2年，连选得连任。两院议员长期连任现象极为普遍。议员不得兼任其他政府职务。

　　美国国会行使立法权。议案一般经过提出、委员会审议、全院大会审议等程序。一院通过后，送交另一院，依次经过同样的程序。法案经两院通过后交总统签署；若总统不否决，或虽否决但经两院2/3议员重新通过，即正式成为法律。国会还拥有宪法所规定的其他权力，如对外宣战权、修改宪法权等。参众两院各自还拥有特殊权力。如总统与外国缔结的条约及总统任命的高级官员须经参议院"咨询和同意"；参议院还有权审判弹劾案，有权在特殊条件下复选副总统；众议院有权提出财政案和弹劾案，有权在特殊条件下复选总统。国会立法活动常受院外活动集团的影响。

　　国会两院在各自议长主持下工作。众议院议长由全院大会选举产生，副总统是参议院的议长。两院均设有许多委员会，还设有由两院议员共同组成的联席委员会，国会工作

国会

大多在各委员会中进行。

春天来了，天气一天比一天暖和，林肯又跟随法官到各地巡回审判。

草原上野花遍地，杏花正盛开着，田地里是一片绿油油的小麦，在微风吹拂下掀起一阵阵的麦浪。

林肯来到乡野，就好像回到了少年时代。

在这里，即使穿着破皮鞋、脏裤子，也没有人说话。抵达目的地之后，亲自替马刷洗一番，也是一种乐趣。

晚上在小木屋里与农夫们聊天，更使林肯感到自在。

巡回审判的旅行，大约要进行三个月之久。

乡间的案子，不外是某家的猪被窃，某人的地界受到侵占等一类的小事。但是林肯每次都尽心为他们服务。

一天，某村落发生了少见的杀人事件。

有一个叫密加的年轻人被杀死在田地里，一位叫查理斯的男子作证说，他曾亲眼目睹达夫是凶手。

林肯刚抵达村落，一位老妇人早已守候在路旁。

"我是达夫的母亲，达夫是个乖孩子，他决不会杀人，我要请你为我儿子辩护。"

这是一位看起来慈祥而又诚实的老妇人，林肯为她的爱子之心感动，便接受了她的委托。

经过四五天地深入调查，发现查理斯与死者密加曾为一女子争风吃醋，查理斯怀恨在心，杀死了密加之后，嫁祸于毫无关系的达夫。

开庭的那一天，有很多人来旁听。

证人查理斯被传来，站在法官前叙述密加被杀死时，他所看到的情形。

林肯默默地听着。最后，他站起来说："这个案子发生在晚上 11 点半，你说因为当晚是满月，所以你看清了凶手的脸。可是经过我的调查，当晚不是满月，而且 11 点半时，月亮已经

林肯全家

隐没，在那样漆黑的晚上，你如何看得见是达夫做的？”

查理斯一听，脸色乍变，他的谎言一下就被拆穿了。

“我最讨厌欺骗和不正当的行为，我是诚实与正义的朋友，我要尽力消灭社会上的欺骗事件！”最后林肯这样说。

这虽是普通的乡下案子，但林肯仍努力维护正义。

参加巡回审判期间没有什么收入，可是回到春田，收入就好多了。收入增加，最高兴的是玛莉，她买了马车，雇用车夫，坐着马车到各处去。家里顿时热闹了起来，有时一连好几个礼拜，天天晚上都有宴会。

玛莉把家里重新装潢了一番，曾举行过有 100 位来宾的大宴会，她感到很满足。但是林肯除非不得已，绝不参加这样的交际。

林肯到国会去的那一年，有了第二个男孩，现在正是孩子们最可爱的时候，林肯工作之余，就带着两个孩子到森林去玩。

因为经常做户外活动，两个小孩的身体都很好，也很调皮，但是玛莉希望孩子们像小绅士一样，不要太顽皮。

玛莉常有一些衣着华丽的朋友前来拜访，他们往往遇到只穿着一件衬衫，在院子里劈柴的林肯。

“我是在运动。”

林肯这样解释，玛莉却认为很丢脸。

林肯下了班之后，有时不回家吃晚饭，留在小店里与工人、农夫、木匠等人聊天。 他从不选择交际对象，愿意与任何人接近。 但玛莉就不一样了，她交朋友必须配合自己的身份。

随着岁月的增加，两个人思想的差距愈来愈大。 林肯一回到家，就默默的不说话。 除了逗孩子们以外，很少听到他的笑声。

很不幸的，老二爱德华突然因病夭折了！

林肯深感悲痛，本来削瘦的脸更凹陷了。

两年之后，老三威廉出生。 又两年，生了老四汤玛斯。

这时候，林肯的愁怀才略为舒展一些。

也许是爱上了开垦地的人，也许是爱上了自己的儿子。 总之，有好几年的时间，林肯忘记了政治的事。

他那忧郁的面孔，一直未见改变。 在他的内心深处，有个深刻的问题存在着。

那就是奴隶问题。

废止奴隶制度运动

既然同样是人，就应该享有同样的平等自由，但是黑人却被当成奴隶，像牲畜般被驱使。

为什么以自由平等为建国精神的美国，会容许这种事情存在？

但是，反对者也并非没有理由，如果没有奴隶，棉花的产量就会遽灭，美国就会成为贫穷的国家。

而且，根据美国的宪法，是否废止奴隶制度，必须由各州自己决定。 废止奴隶制度的叫做自由州，继续使用奴隶的就叫奴隶州。 自由州多半在北方，奴隶州则集中在农场很多的南部。

林肯 *Linken*

美国南方庄园

在地图上，以北纬 36 度 30 分为界，南北之间截然区分起来。

但是这样一来，产生了不少麻烦。

黑奴们都尽量设法逃到自由州去。以农场主人的立场来说，黑人是他们花钱买来的，属于他们的财产，当然不甘心平白无故地损失，他们对于自由州的做法，都感到很气愤。

从此州与州之间，产生了许多问题。

南方各州与北方各州的对立，也就等于民主党与自由党的对立。

1820 年，当林肯还是少年时，位于伊利诺州西方的密苏里成为州。这个州在若干年前有很多奴隶，当它成为一个州时，南方人以为这个州一定会成为奴隶州。不过，它却位于北纬 36 度 30 分以北。

"在这条线以北，不能有奴隶州。"

国会上，北方议员强烈反对，南方议员则强烈争取密苏里州。经过激烈地争执之后，终于达成了一个协议：

"就让密苏里州成为奴隶州，但是今后这条线以北，绝对不能有奴隶州。"

林肯
Linken

这就是所谓的《密苏里协定》，奴隶问题总算告一段落。

但是，这种问题并不是一纸协定就可以解决的。

黑人在美国，已经有了第二代。第二代的青年，有的受到善心人士的帮助，接受了相当的教育，那托·泰纳就是其中之一。

泰纳笃信基督教，住在弗吉尼亚州，经常为不幸的黑人传教。

泰纳每次看到自己的同胞受到欺凌，都怒不可遏。

1831 年，终于发生了问题，一群黑人以泰纳家为中心，发起了暴动，持械抢劫农场，杀害女人和小孩。

长久压抑在心中的不满一旦爆发，就变得不可收拾，政府花了好大的力量才把暴乱镇压下来。当然，因此被杀死的黑人不在少数。

对此事感到震惊的，不止是弗吉尼亚人。南方的奴隶州为了防止类似事件的发生，也订立了新法律，禁止黑人集会，不许教黑人识字，没有主人许可，不能离开农场一步。黑人原有的一点点自由，也完全被剥削了。

在发生泰纳事件的同年，波士顿发行了名为《解放者》的周刊。这本杂志，专门鼓吹废止奴隶运动。

创办者名叫威廉·亚历逊，年约二十七八岁，为人极富正义感。

有很多人虽然一向反对奴隶制度，表面上却不敢声张。现在出现了这份杂志，大家也比较敢说话了。

这本杂志的读者愈来愈多，

备受压迫虐待的奴隶

声势也愈来愈大。 亚历逊与读者成立了一个反对奴隶制度的组织。

但是亚历逊血气方刚，做事的手段太激烈，他偷偷地把黑人从农场里运出来，送到自由州或加拿大去，这些做法，都是违反法律的。

很多人不赞成他的做法，便又另外组织了一个会。

总之，一位热血青年登高一呼，使得这个运动逐渐扩展开来。

目睹奴隶制的罪恶

1847 年 10 月，林肯把自己的私宅以每年 90 美元的租金租出去，然后一家人告别斯普林菲尔德，踏上了去首都华盛顿的道路。 一路上，林肯一家有时驱车；有时乘轮船；有时乘火车；还在列克星敦的亲戚家住了几周。

在肯塔基的列克星顿逗留期间。 林肯一家会见到了玛莉的亲友们，玛莉骄傲地向每一位亲友介绍自己的丈夫。

就在这里，林肯又一次目睹了黑人奴隶制给人间带来的罪恶。 在街头，人们经常能看到一群群戴着枷锁的奴隶在皮鞭的驱赶下向南方种植园跋涉。 市场里面，黑奴被当做商品与牛马羊等牲畜一同出售……

林肯的血在剧烈地沸腾，心也隐隐作痛。 他痛心地对玛莉说："我曾主张在蓄奴州不废除奴隶制，我还主张奴隶是私有财产，没有法律依据可以剥夺奴隶主的私有财产。 现在看来我说得太轻松了。 黑奴究竟是财产还是人呢？是人的生命重要还是法律重要呢？如果我们的法律允许奴隶制度存在的话，这究竟意味着什么呢？"

　　同时，林肯在这里也感受到了反奴隶制度的浪潮正在汹涌澎湃的发展着，几乎到处都可以听到人们对奴隶贩子的痛斥和咒骂，有时还能看到主张废除奴隶制度的人们散发的各种宣传品。 就是在这时，林肯听到了关于拍卖黑奴少女伊莱扎的凄婉的故事。

　　伊莱扎是一个美丽的少女，体态窈窕丰腴，皮肤散发出红润健康的光泽，长长的头发又黑又亮，一双深褐色的大眼睛清纯得犹如一泓秋水。 她只有十六分之一的非洲人血统，皮肤基本呈白色，但根据有关法律，仍然只能是一个黑奴，被推到市场上公开拍卖。 竞买者是一位名叫加尔文·费尔班克的卫公理会青年牧师和一个身材高大的法国人。 当标价达到 1200 元时，法国人问道："你还要抬高吗?"费尔班克回答道："要高过你，先生。"后来，费尔班克又叫了 1450 元。 卖主看到法国人想退缩了，便把伊莱扎的衣服掀开，高声喊道："机会难得呀!"于是，法国人又叫了 1465 元。 费尔班克马上把标价抬到 1475元，双方又僵持住了。 这时，主人又掀起了伊莱扎的裙子，并高叫："谁想成为最后的胜利者呢?"在围观者的一片叫声中，法国人又喊出了 1580 元的标价。 正当拍卖人想成交时，伊莱扎把她那张痛苦绝望的脸转向了费尔班克，牧师立即标出了 1585元。 法国人沉默了，伊莱扎则在这激烈的氛围中晕倒在地。

　　事后，卖主问费尔班克："您打算怎么处置这个姑娘呢?"费尔班克大声说道："让她自由!"周围的群众全都兴奋得欢呼起来，还有人激动地流下热泪。

　　伊莱扎的解脱深深鼓舞着林肯的心，"使他们获得自由"的信念便又悄悄地在心中埋下了种子。

　　恰好有一位黑人妇女来找林肯。 这位妇女叫波莉，她的儿子在一艘轮船上工作。 有一次轮船航行到了新奥尔良，这个地方有一条规定：任何黑人不得在天黑后在没有通行证的情况下上街走动。 由于青年不知道这里的规定，贸然登岸，结果被警察抓住了，要他交纳罚款，他却身无分文。 可是根据当地法律，警官要把他拍卖为奴。

得知这一消息后，波莉跌跌撞撞地跑来找林肯哭诉了这个悲惨的故事，恳求林肯设法解救她儿子。

林肯为在美国的土地上发生这种非人道的暴行而感到羞耻。立即派人找到了当地的州长，请求放人。但那位州长却以没有法律依据为由拒绝了放人。

林肯被这位州长的话深深激怒了，于是仰望苍天发誓："全能的上帝，我一定要把这个孩子弄回来！否则，我将大闹伊利诺伊20年，直到当局能有法律上的依据在这件事上有所作为。"

林肯和几个朋友行动起来，四处宣传，募集资金。最后，他们终于凑足了一笔钱，把那个黑人青年赎买了回来。

林肯目睹了奴隶制的罪恶，只要有可能，就一定要让这些黑人兄弟姐妹们获得自由，心中的这个信念越来越坚定了。

汤姆叔叔的故事

1833年，英国取消了奴隶制度。1837年，英、法等四个国家明文规定禁止贩卖奴隶。

这些举措，使得反对奴隶制度的运动更加激烈。

南方各州的人认为不能再保持缄默了，纷纷促请政府禁止这项反对运动。他们甚至说，如果政府再让这个运动发展下去，南方各州便将自行独立，另建一个国家。

反对奴隶制度运动，已经变成足以引起战争的政治问题，美国分成了南北两派。

第七任总统安得鲁·杰克逊认为美国绝不能分裂。他向南方各州妥协，于是政府开始取缔反对奴隶制度的运动，亚历逊被捕，《解放者》杂志被禁，同时下令不能发表任何有关奴隶问题的演说。

但是，要求解放黑奴、给予黑人自由的呼声，仍然有增无减。

北方各州的报纸多半会刊载呼吁解放黑奴的言论，虽然《解放者》被禁，但其他的刊物又出现了。

这些刊物中，有份叫做《国家时代》的周报，从1851年6月开始，连载一篇叫做《汤姆叔叔的小屋》（又名《黑奴吁天录》）的长篇小说，一共刊载了40期。

安德鲁·杰克逊

这篇小说所描写的，正是黑人的悲惨遭遇，读者们看了，莫不感动流泪，悲愤不已。

第二年，小说印成单行本，立刻抢购一空，出版商一版再版，还是供不应求。

"解放可怜的奴隶吧！"

到处都可以听到这种呼声。

自从到过新奥尔良后，奴隶的影子从未离开过林肯的脑际。

他当过州议员，也当过国会议员，接触过各式各样的问题，但是他最关切的，就是奴隶问题。

因为林肯居住的伊利诺州是自由州，奴隶问题并未引起尖锐的场面。 亚历逊也曾在伊利诺州推展过废止奴隶制度的运动，但手段举止过于激烈，所以州议会打算予以制止。

当时林肯还是州议员，他提出争辩说："他们的做法，也许太激烈了一些，但是如果加以禁止，会让一般老百姓觉得这个运动是错误的，我们不可以这样做。"

林肯出生的肯塔基州是奴隶州，位于伊利诺州隔邻的密苏里州，也是奴隶州，因此有很多黑人都逃到伊利诺州来谋生。这些黑人虽来到了自由州，但没有人承认他们是公民，无法享有公民的权利。

当然，伊利诺州偶尔也会出现奴隶的买卖。

春田镇近郊有个人买了一个女黑奴，因为没有付清价款，被人告了一状。

这个人请林肯为他辩护。

《汤姆叔叔的小屋》
（又名《黑奴吁天录》）的海报

"这个女黑人是她的父亲来伊利诺州之后才出生的，因此她不是奴隶，别人没有权利买她或卖她。"林肯说。

林肯在法庭上与对方的律师展开了激烈辩论。结果法官判定林肯胜诉。

旁听的人都鼓掌叫好，林肯却说："我只不过是把对的事情伸张出来而已。"

林肯爱自由、正义，更爱以自由为理想的美国，奴隶制度违反人道，岂可容许存在于自由至上的美国？

现在为了这个问题，美国几乎要一分为二。如果南方和北方真的分裂了，英国是一定会帮助南方的，因为他们需要美国南方所产的棉花。

当初美国之所以独立，是为了向英国争取自由，是一个为了维护人民的自由而诞生的国家。

如果美国分裂，引来英国干涉的话，得来不易的自由，立刻又会变质。

林肯不赞成为了解放奴隶，而不惜使国家分裂的主张。

林肯虽是乡下出身的律师，但他对美国是个自由国家这一点，比任何人都感到珍贵与骄傲。

现在奴隶问题演变成政治问题，是他始料所不及的事，为此他深感困扰，一直在心底思索。

就在这段期间，美国有了更大的发展。

位于伊利诺州北部的芝加哥，原来只是一个小镇，1853年，铁路铺设到此之后，发展得十分迅速，不久就成为大都市了。

美国西端，太平洋沿岸的加州，原来也是人迹罕至的地方，但是在1848年，发现金矿以后，消息很快传遍了美国。许多人为了黄金梦，纷纷抛弃家园，不远千里前去淘金。

从东部到西部，必须翻过落基山，越过沙漠，经过旷野。多少人在旅途中病死、饿死，或被野兽吃掉，但是这些都不足以降低淘金的热潮。

短短的两三年之间，太平洋沿岸出现了许多城镇。美国的版图，已扩大到西端的边缘了。

原来东岸的都市，如纽约、波士顿、费城等，已发展成为国际性的大都市。匹兹堡等地，也有了工业城的雏形。美国已经

1848年加州发现金矿，移民拥往加州淘金

成为世界上的大国了。

1853 年，林肯 44 岁。

这一年又有新的事情发生。

密西西比河西方，有堪萨斯、内布拉斯加两块很大的土地。现在这两块处于美国正中央的地区，都已成立为州。

这两州位于北纬 36 度 30 分以北，照理该属于自由州。但是南方人不答应，于是南北双方又有了新的争执。

受到南方人支持的民主党，认为自己占多数席位的优势，便主张说："这两个州要成为自由州还是奴隶州，应该让两个州的州民投票决定。"

这种说法听起来似乎很尊重州民的意见，殊不知却否定了原先北纬 36 度 30 分以北不能设奴隶州的协定，而且这样一来，以后这条界线便失去了意义。

北方人非常气愤南方人这种不讲信用的作风，发出了谴责的怒吼。南北双方，重燃起新的仇恨。

为了获得投票上的胜利，南方有很多人纷纷搬到堪萨斯州去，这些移民，多半是民主党用钱收买的失业者和无赖汉。

北方看到这种情形，也不甘示弱，也送了许多移民到这两个州去。

就这样，南北双方的移民在这两个州内正式起了冲突，结果发生了流血暴动，死了很多人。

同样是美国人，何以要互相残杀？

南北两方的人，彼此严厉指责。

林肯的困扰也随着愈来愈深了！

不巧的是，林肯所属的自由党，因为一直没有出现有力的领导人，终于濒临解散。

1854 年，原来一些自由党的重要人士重新组织了共和党，林肯就此加入了这个新党。

共和党用来对抗民主党的，便是奴隶问题。

对此问题有深刻了解的林肯，不多久便成了该党的领导人之一。 一直住在乡下的林肯，终于站出来，为正义和自由做艰苦的争战了！

美国的主要党派

美国有多个党派，但在国内政治及社会生活中起重大作用的只有共和党和民主党。

（1）共和党：共和党由自由党发展而来，成立于 1854 年。 1861 年林肯就任总统，共和党首次执政。 此后至 1933 年的 70 多年中，除 16 年外，共和党一直主政白宫。 1933 年以后，曾由艾森豪威尔、尼克松、福特、里根、老布什执政。 一般在总统大选中投票给该党候选人的选民即为其党员。

（2）民主党：其前身是 1792 年杰斐逊创立的民主共和党，建党初期主要代表南方奴隶主、西部农业企业家和北方中等资产阶级的利益。 19 世纪初，民主共和党发生分裂，一派自称国民共和党，后来改称辉格党。 以杰克逊为代表的一派于 1828 年建立民主党，1840 年正式定名为民主党。 19 世纪 50 年代末，民主党发生一次分裂，部分北方民主党人参与组建反奴隶制的共和党。 1861～1885 年民主党在野。在 1885～1933 年的 48 年中，该党执政 16 年，先后由克利夫兰、威尔逊出任总统。 1933 年开始，民主党人罗斯福、杜鲁门、肯尼迪、约翰逊、卡特、克林顿先后当选总统执政。 民主党党员是大选中投其候选人票的选民。

（3）其他政党有绿党和改革党等。

大总统林肯

永远记住，你自己决心成功比其他什么都重要。

——林肯

两度落选

与林肯共同经营法律事务所的汉顿，也是个热衷政治的人，经常与林肯一起讨论奴隶制度。

他常对林肯说："你的想法太温和了，总是想以平和的手段来解决问题，但这只是你的理想。你看看南北方的情势已经演变到这种地步，现在不是谈理想的时候了！"

汉顿看见林肯已跨入政治界，又成为共和党的领导人，心中十分高兴。

"你好好地发挥吧！事务所里的事有我，你不用担心。"

林肯能专心地在政界发展，汉顿的功劳不小。

1854 年，有参议员的选举。

林肯仿佛睡醒的狮子，他站了起来，参加了这次的竞选。

参议员的名额，是每州两名。林肯这次的竞争对手，是民主党的道格拉斯。

当林肯在春田当州议员时，道格拉斯也身为州议员。

当时他们都是 20 多岁的青年议员，在春田镇的各种集会里，经常可以见到他们。一个是朴实无华的农家子弟；一个是风度翩翩的公子。这两个人的个性、外表都不相同，他们的意见，也往往相左。

后来道格拉斯在仕途上一帆风顺，当选为参议员，又成为州高等法院的法官。 此时已是民主党的有力领导人之一。

大家都认为，下一届的大选，民主党一定会提名道格拉斯参加总统竞选。

当堪萨斯和内布拉斯加的问题扩大时，主张由州民投票来决定是否成为奴隶州的，便是道格拉斯。

道格拉斯本人，原意并不赞成奴隶制度，但是民主党一向受南方各州的支持，必须为南方各州的利益着想。 同时，为了替自己日后竞选总统铺路，道格拉斯极力推展这个主张。

结果，堪萨斯与内布拉斯加发生了流血暴乱。

一直想采取温和手段解决问题的林肯，觉得自己必须振奋起来，因为竞争的对象，是从青年时代就一直对立的道格拉斯。

道格拉斯在参议员的任期届满后，立刻到芝加哥去发表演讲。 芝加哥现在已是伊利诺州最大的都市了，道格拉斯一直深受当地市民的欢迎。

可是当他抵达芝加哥时，却发现许多人家门口都悬挂半旗，

林肯与道格拉斯辩论

而演讲会的结果也糟透了。

原来堪萨斯与内布拉斯加的问题触怒了支持民主党的市民。

道格拉斯又到春田参加竞选演讲会。

"将堪萨斯和内布拉斯加的问题交由两州的州民来解决，是尊重州民的自由意志，这才是真正的美国精神。 现在一些不了解内情的人却因此引起纷争，实在遗憾之至！"

道格拉斯还说，如果解放了黑奴，他们无法独立生活，情况会更惨。

在这场演讲会上，林肯接着走上讲台。 他的口才虽没有道格拉斯好，但是他的讲词内容充满了激愤的情感，十分吸引人。

"奴隶制度一定要废止，绝对不容许存在！"

★知识链接★

密苏里妥协案

1854 年，《堪萨斯—内布拉斯加法案》获得通过，一石激起千层浪，整个美国社会关于奴隶制的斗争再次激化起来。

美国的奴隶制问题，并不是一个单纯的人道问题。 它的背后有更为深刻的经济利益的推动。 美国的南部为一些贵族出身的大地主所控制，他们用大批的黑人奴隶来栽种烟草和棉花，依靠黑人来开垦南部那广阔的处女地。 可是，北部地方却不同了，那是白种人靠自己的力量，慢慢开拓起来的土地，所以并不需要黑奴。 起初，美国国内南方的势力较强。 后来，北方的工业逐渐发达，人口和财富都逐渐居于优势。 因此，奴隶制度的存废问题就成了南方与北方之间争执的焦点。

1819 年，密苏里州希望作为一个蓄奴州加入联邦，但是遭到了北方人的激烈反对，南方与北方为了这个问题争论不休。 南方表示："奴隶制度究竟应该终止，还是继续维持下去，这是各州应该自己决定的问题，用不着政府来管这闲事！"而且还强调："如果强制取消奴隶制度，南方就脱离合众国，成立一个新共和国！"

双方经过妥协，南北方的代表终于在 1820 年达成一个协议：原来使用着奴隶的南部各州，仍旧承认奴隶制度。不过，要在北纬 36 度 30 分的地方，划出一条界线。在这条界线以北，即在密西西比河与洛矶山脉间的大平原，永远不得建立奴隶制度。这就是 1820 年的所谓"密苏里妥协案"。这个方案在双方同意之后成立，使得奴隶制的争论稍微缓和了一些。

在这之后的 30 年间，双方基本上就以此线为界，一直没有引起过关于奴隶问题的大风波。现在，参议院院长道格拉斯的行为破坏了这种表面上的平衡。道格拉斯以民主党领袖的地位长期控制着参议院。由于民主党的基本阵地在南部，道格拉斯要实现当选总统的计划，就非讨好南部不可。

刚巧在这个时候，内布拉斯加和堪萨斯两个州新加入合众国。这两个州的位置在北纬 36 度 30 以北，按照原来的妥协方案应该属于自由州。为了获得南部奴隶主的支持，1854 年 3 月，道格拉斯提出了一个新的法案："奴隶制度是否应该废止，应该让州民自己来决定，中央议会对这一点，不能加以干涉。"道格拉斯通过自己的影响来施加压力，力图使这个议案在国会获得通过。

1854 年 3 月 4 日，参议院终于通过了道格拉斯的提案，这使得密苏里以西，一块相当 13 个州面积总和的土地再度有奴隶制度横行的危险。执行了 30 年之久的"密苏里妥协案"就这样遭到了破坏，奴隶问题又成了全美国争论的焦点。

北方的人们大为愤慨，不断攻击着道格拉斯，宣称他是一个出卖自己人格的无耻之徒，谴责他与南部勾结起来背叛了北方。抗议和不平像野火般同时燃遍了北方的大城小镇。道格拉斯被斥为"叛徒阿诺德"。大家在他的画像里标上"现代犹大"的字样。有人送他一条绳子，意思是让他自己去上吊。教会的反应也很狂热。新英格兰有 3050 名神职人员"以全能的上帝和圣灵之名"写了一封抗议书，送到参议员面前。社论中的词句更使大众火上浇油。在芝加哥，就连民主党的报纸都痛斥道格拉斯。

国会在 8 月间休会，道格拉斯到伊利诺州去开展活动，到处演说，发表他这个主张。在返乡途中，道格拉斯对眼前的景象感到非常惊奇。事后，他说民众把他的画像吊起来燃烧的火光，可以由波士顿一

　　林肯坐不住了，再也不能保持缄默了，"密苏里妥协案"的撤销"唤醒"了他，正义与人道呼唤着林肯，他决心以整个灵魂的精力和信念来搏斗。于是，林肯忙碌起来，开始准备演讲稿，在州立图书馆中埋头阅读了几星期，参考史书，掌握实证，分类整理，并研究此法案历程中参议院反反复复的热烈辩论。

　　10月3日，伊利诺伊州的博览会在春田市开幕。大会宣传道格拉斯要在博览会开幕当天演讲，因此该州各地的政治领袖都到达倾听。

　　道格拉斯在博览会开幕当天连续演说了3个小时，并公然向林肯挑战，提出了一大堆辩解和攻击。他竭力否认要"使某一区域的奴隶制度合法化"或者"排除某地的奴隶制度"，而是要让各区域的人民自行决定如何处理奴隶问题。道格拉斯的论调是："堪萨斯州，或内布拉斯加州的人民既有能力自治，一定也能管理那儿可怜的黑奴。"

　　林肯就坐在前排附近，仔细地听着一字一句，并思索着对手的每一个论点。道格拉斯一说完，林肯就宣布："我明天将要指出他的矛盾之处。"

　　第二天早晨，传单在全镇和各展览会场散布，民众对林肯要答辩道格拉斯的兴趣很浓，两点以前，演讲厅全部坐满。

　　不久，道格拉斯露面了，坐在讲台上，照例穿着一尘不染的西装，打扮得十分得体。林肯则不穿外套、不穿马甲、不打领带，只有一件衬衫松垮垮罩在骨瘦如柴的身体上，露出又瘦又长的棕色脖子，头发乱糟糟，皮肤粗糙，一条编织的"吊带"勉强撑住不合身的长裤。

　　坐在观众席上的玛莉一看，窘得满面通红，又失望又灰心，差一点哭出来。但是，谁也想不到，这位使妻子感到羞愧无比的丑男人，在这个炎热的10月下午，开始了他永垂不朽、使世人永远缅怀的十篇伟大演讲。

　　林肯首先对奴隶制度的历史作了一番彻底论述，并且提出了5点切中要害的反对理由。林肯汗流满面地讲了3个多钟头，驳斥道格拉斯参议员的主张，指出立论的错误，证明对方是诡辩。

　　林肯说："南方人认为不该将奴隶制度的责任全部推到他们身上，这一点我同意：若说要废除现存的奴隶制度很难，这一点我也能体谅，因为就算把全世界的权力都给我，我也不知怎么来处理。"

这次演讲给听众留下了极深刻的印象。道格拉斯不安地一次次站起来打断林肯的话，他在人们中间的威信大大下降，而林肯的精彩演讲大得人心。

这场辩论成为林肯和道格拉斯两人间展开一系列大辩论的序曲。

"堪萨斯与内布拉斯加的事件，是美国辉煌历史上的污点。以后每当有新州成立时，可能又会重演。同一个国家的人民彼此仇恨、残杀，结果一定会使国家分裂，各位爱好自由、和平的同胞，怎么能够坐视呢？"

本来林肯演说时，两只手都不知道往哪儿摆才好，但是现在，他的双手随着激动的口气上下挥动，更加强了他的声势。

"请大家冷静地想一想，如果一个家庭里的兄弟不和，互相争吵，这个家庭能够兴盛么？国家也一样，一半是自由州，一半是奴隶州，这样的国家，又能维持多久呢？"

竞选演说轮流在各州举行，林肯每次在演说会上，都一再地阐述自由、平等、正义的真谛。

选举揭晓，林肯不幸以微小的差距落选了。

他再度回到春田当律师。

当选战开始时，玛莉极为兴奋，对手又是道格拉斯。为了击倒对方，玛莉也尽了很大的力量。可是结果却落选了，玛莉当然很失望。

"你下次由民主党提名，一定会当选。"玛莉这样讽刺他。

事实上，林肯并不介意自己的落选，因为他觉得自己已经尽力而为，虽败犹荣。但是在家里，他的眉头一直无法舒展开来，只能利用巡回审判的时候去散散心。

奴隶问题愈来愈严重。1857年，又发生了一件事。

密苏里州有一个名叫德雷特·史谷脱的黑人，原来是个奴隶，后来有人帮助他，使他接受教育，成为医生。

"我以前住在伊利诺州，现在已经不是奴隶，应该承认我是自由人。"

德雷特曾经向密苏里的法院提出申诉。

但是法院的判决却是：

"黑人不是美国的公民，法院无法接办此案，依照美国的法律，奴隶是主人的财产，法院无法维护其自由。"

德雷特再向美国最高法院提出申诉，结果仍是一样。

这虽是德雷特个人的事，影响却很严重。

最高法院认为黑人没有自由，如果这项判决是正确的话，那么黑人若逃到自由州去，主人一样可以抓回来。这对美国的黑人来说，一点保障都没有。

南方各州对这项判决都很满意。

但是，主张解放奴隶的人，却觉得很遗憾。

全国各地都在谈论这件事，差一点发生暴动。

就在这个时候，道格拉斯又到伊利诺州巡回演说。

林肯正为德雷特的事件愤怒不已，他认为解放奴隶，不只是拯救可怜的黑人，也是为了维护美国的自由精神。因此林肯跟在道格拉斯的演说之后，发表他有关奴隶制度的演说。

历史性的论战

1958年，林肯49岁。这年又有参议员的选举。林肯主动地参加了这次竞选，竞争的对象，又是道格拉斯。

这是当年7月间的事。

伊利诺州的气候炎热。道格拉斯非常认真地进行拉票。

选举演说首先在芝加哥举行。林肯总是紧接在道格拉斯之后做巡回演说。8月，两个人又在奥特华遇上了。

这两个人的竞争十分激烈，使得整个伊利诺州也跟着紧张起

来。 州民每天都在谈论着到底谁会当
选。 这一次的演说吸引了无数的群众，
使得开往奥特华的火车必须加班。

当天林肯在群众的欢迎下抵达奥特
华，他坐着马车，由乐队前导，热闹地
来到了会场。

道格拉斯也在壮观的行列引导下，
一路游行过来。

会场上的听众挤得水泄不通，总数
超过一万人。

道格拉斯说："假如废止奴隶制
度，等于剥削了我们拥有财产的权利，
我们宪法所赋予的自由，现在却受到了
这批主张废止奴隶制度者的威胁，我们
必须努力维护！"

针对这点，林肯说："神是公平
的，他也给了黑人自由。 既然都是人，
黑人也拥有幸福生活的权力。 美国的独

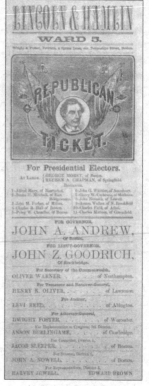

林肯竞选的选票

立就是为了争取自由，居住在美国的每一个人，都应该享有自
由。 民主党的人说黑人无知，不能成为公民。 但是神却赋予了
黑人智慧，虽然他们现在的智慧并不高，如果连他们这有限的智
慧都给剥夺了，就违反了神的旨意。 只要是爱好自由的人，一
想到这个国家还有失去自由的人，能不痛心么？ 因此，承认奴隶
制度的人，等于就是不爱国家！"

同时，林肯也不断地提醒大家："分裂的家不能维持
长久。"

选战愈来愈激烈，类似的政见发表会也在自由堡、克里敦等
地举行。

这次大选预定在秋末季节举行投票。

这天，一早就下着雨，林肯和他的助选员们在法律事务所内

林肯与支持者握手

等着电报。

没有想到，林肯这次又落选了！

在竞选期间，每次演讲会上，林肯都能受到选民们的热烈欢迎，不过其中也有一部分人是反对废止奴隶制度的。

事务所里的人一下子都陷入低潮，有些人还哭了起来。

"这都是我个人的声望不够，但很感谢大家帮忙！"

林肯说完，拿起帽子，在雨中消失了身影。

林肯虽然在竞选上被道格拉斯击败，但是他的演说，却深入人心。

过去一直反对废止奴隶制度的人，也慢慢转而支持林肯了。

尤其是开垦区的农民，对林肯深入浅出的演说，印象极为深刻。

"分裂的家无法维持长久。"

农民们都将这句话奉为真理。

他的演说不但全伊利诺都知道，甚至别的州也在谈论着。

林肯（立者）与道格拉斯（林肯右边）展开辩论，竞选参议员

选举战结束后不久，林肯因审判案件到了布明顿。 办完事之后，在回客栈的路上，有人叫住了他。

"你不是林肯吗？"

这个人，是地方上的有名人物，名叫杰士·费尔。

"刚好遇到你，我正在找你。"

费尔说着，把林肯请到他家里去。

费尔郑重其事地告诉林肯："不久以前，我到过东部很多地方，没想到各处都有人在谈论你，令我很惊讶。 你和道格拉斯的奋战精神，使大家对你很有好感。 像你这样的人，竞选总统一定没有问题。 如何？下次选举你试试看！当然，你还必须坚定你在奴隶问题方面的立场。"

林肯听了，大吃一惊。

"这未免太开玩笑了，虽然伊利诺州的人都认识我，可是其他州根本不知道我这个人。 我相信共和党一定有更杰出的人才，说什么也轮不到我这个乡下律师！"

"不，林肯，你不了解你自己，你虽然过去一直待在乡下，但是你出来竞选总统，绝不会输给别人。 现在美国的群众对政治界的名人，多半不抱什么指望，他们不管你是不是乡下律师，他们需要一个有信念的人出来领导。

你就是一个坚守信念的人，只要你认为是对的，就会不顾一切勇往直前。 而且，你是在艰苦环境中长大的，最能了解民众的痛苦。 你就试试看吧！

现在美国行将分裂，只有在政治界未曾有过恩怨的人，才能担当这个重任。 我观察了很久，发现你是最理想的候选人。"

费尔诚挚而认真地鼓励着林肯。

"别开玩笑！"

林肯沉思了良久，然后望着费尔说："费尔，谢谢你！听到你这一席话，使我了解我的演说被接受的程度，我有信心了。"

林肯微笑着告别了费尔。

知识链接

布朗事件

1859 年 10 月，林肯在乌拉巴那听到了一个消息。

据说弗吉尼亚发生黑人暴动，他们攻击政府的武器仓库。

镇上的人都很不安，以为所有的黑人都会联合起来攻击白人。 林肯也紧张起来，深怕自己一向忧虑的事将会发生。

不好的消息频频传来，有人说黑人纵火，也有人说女人和小孩被杀了很多。

林肯觉得四周一片黑暗，立刻回到春田。

原来，传闻并不可靠。 事情的真相是：一位名叫约翰·布朗（1800～1859）的人，率领了二十几位年轻同志，因呼吁解放奴隶而发生暴动。

约翰·布朗多年以来就是个从事解放奴隶运动的热心人士，他认为用温和的手段无法解决问题，只要有部分黑人敢站起来反抗，其余

美国法庭

的黑人就会跟着站起来。

但是，他们的行动很快就被政府军镇压住了，占领武器仓库的青年全被枪毙。布朗·约翰本人被捕，送往法院。

案子开始审判时，北方人都主张：释放这个主持正义的人。

同时还为他请了有名的律师辩护，但是最后，布朗还是被判死刑。

判决后，法官问他："你有什么话要说？"

布朗当时59岁，留着满脸银白色的胡子，两眼炯炯发光。他扫视了满座的旁听席，从容地说："我是为了拯救这些贫穷、悲惨的黑人，才鼓励他们拿起武器来争取自由的。人都是神的子民，在神面前，应该一律平等。我的愿望只有一个，那就是——人人平等。我做的事，相信神也会同意。我接受死刑的判决，但愿我流的血，能唤醒大家的正义感，使奴隶制度从这个世界中消失！"

布朗终于被处死了！

这次暴乱事件就这样结束，布朗的话，多少在美国人心中产生了一些作用。一些具有温和想法的学者和宗教家都赞扬布朗的人格。

北方的年轻人，开始认为必须采取行动，否则无法解决问题。如果再发生第二次、第三次布朗事件，南方各州一定会脱离合众国。这样一来，不但国家会一分为二，说不定南北州会因此而发生战争。

林肯知道美国现在的处境十分危险，便请汉顿照顾事务所的工作，自己到伊利诺州各村落去巡回演讲。

林肯希望让更多的人了解奴隶问题。

有时候，林肯骑着马到遥远的堪萨斯州去。

这个时候，美国举国上下都为了奴隶问题喧腾着，经济方面也受到了影响。

以前生产的棉花，不论多少，都能够销售出去，现在棉花的产量已经太多了，囤积满仓。

这时的总统，是民主党的布坎南，他不是一个优秀的政治家，无法恢复国家的景气，因此，民主党的声望开始下跌。

"下次的总统，该换成共和党的人了。"大家都这么想。

成立不久的共和党，虽然所占的议员席位很少，开会时，经常受民主党议员的控制。但是，共和党以奴隶问题与民主党相争，开始与民主党相抗衡。

提名竞选总统

1860 年，是总统的选举年。

当年的 2 月，林肯受邀到纽约去演讲。

为了解决奴隶问题，林肯是不放过任何机会的，但是这次是在美国第一大都市演讲，难免会有点紧张。

那天晚上纽约下着大雪，林肯以为来听讲的人一定不多。但是林肯抵达库巴协会时，才发现大厅内已挤满了人。

林肯已成为奴隶问题的斗士了，大家都想看看这个人到底是什么样子。

"他到底是怎样的一个人？"

当林肯站上讲台时，许多人都感到失望。因为讲台上的林肯，仪表并不出众，又瘦又高，像个农夫，而且又有点儿紧张。

当他开始演讲时，大家更感失望，这个人讲的话毫不出奇，

用字造句十分平常。 这对听惯政治演说的人来说，实在没有新奇之处。

但是林肯那低沉的声音，似乎含有某种魔力，听众慢慢地都被吸引住了。 会场静得连瓦斯灯的嘶嘶声都听得见。 林肯的每一句话都打动听众的心，女人们甚至掏出手帕频频拭泪。

演讲完毕，听众们一致起立鼓掌，争相与林肯握手，原来想阻止他演讲的人，现在也都改变了态度。

这次的演说非常成功，过去主张解放奴隶的人，只知道南方人太不讲理。 他们却不知道隐藏在这个问题后面的真理。

林肯告诉他们，废止奴隶制度，是为了争取人类的平等和自由，也是为了全美国的统一。

听众对林肯崇高的理想和强烈的信念都极为感动。

"我们应该选这样的人当总统。"

当晚，许多人都这样想。

林肯在纽约结束了成功的演说之后，立刻回到春田镇。

春田现在已经铺上了铁路，有小火车通过。

共和党到底要提名哪一位出来竞选总统呢？他们已经为此事召开研究会了。

共和党中，以蔡思和休瓦特的呼声最高。

没想到，林肯也随着这两个人，登上了提名榜。

当年 5 月，共和党在芝加哥举行大会，各州代表都前往出席，选出总统候选人。

正当全国为奴隶问题骚动的时候，由谁来当总统，是非常重要的事。

纽约州的共和党人支持休瓦特，派了 200 人到芝加哥来。伊利诺的共和党人，当然支持林肯，也来了不少人。

林肯并没有出席这次大会。 他在春田镇和平常一样，吃过早饭之后，徒步走到事务所去，仿佛没事人一般。

芝加哥打来的电报从来没有间断过，不停地报告投票的情形，使得林肯也跟着紧张起来。

先来的电报，都是休瓦特占优势。

到事务所来探听消息的人愈来愈多，情绪也愈来愈紧张，快到中午时，终于揭晓了。

"哇!"

欢呼声几乎使得狭窄的事务所爆炸开来。

林肯终于成为共和党的总统候选人。

"恭喜你了，林肯!"

汉顿抱着林肯，高兴得流下眼泪。

"谢谢你!"

林肯轻拍着汉顿的肩膀，好像在安慰他似的。然后拿了帽子，说了声："我要去告诉玛莉。"随即匆匆地走出了事务所。

在家里，玛莉不安地等着。只见林肯像往常一样走进屋子。

"怎么样了?"

"我被提名了。"林肯轻描淡写地回答。

玛莉先是愣了一下，当她看见林肯的微笑，这才相信是真的，她快乐得哭了起来。

当晚，春田镇热闹极了! 大街上有提灯游行的，有放烟火的。群众聚集在林肯家外，直到半夜还不肯离去。

3天之后，共和党的代表来到春田，正式通知林肯已成为候选人。

这时刻，林肯家的门前人山人海，欢声雷动。

"万岁! 万岁!"

林肯将共和党的代表迎进屋里，说："我很珍惜这项重要的使命，我以我的良心起誓，将尽力完成这项使命。"

林肯的口气很平静，但是他知道，落在自己双肩的，将是无比的重任!

一个小女孩的来信

总统选举在 11 月举行。

选举战在初夏时分就已展开。民主党提出了 3 位候选人，林肯的政敌道格拉斯也是其中之一。共和党提名的只有林肯一个人。

1860 年的总统竞选，可说是美国独立以来竞争最激烈的一次。主张废止奴隶制度的共和党与持相反意见的民主党，都努力地为自己的候选人加油。

两党的演讲会不停地在各处举行。

共和党的助选团向全国人民分发林肯的传记，详细记述林肯从小的生活，圆木小屋的贫童，后来又当过船夫、店员、牧场的长工等，引起很多人的注目。

"他跟我们一样。"

连南方开拓地的农人，也对林肯的身世感到亲切。

民主党则批评林肯是乡下人，没有读过书，什么都不懂！这种人怎么能当国家的元首？

到了 9 月，选战更加激烈。林肯在春田静观局势，每天都收到全国各地寄来的信，其中有这样一封：

"林肯叔叔：我看到你的照片，你怎么不留胡子？如果你留起胡子的话一定会更好看，大家都会投你一票。我每天都向神祷告，希望你能当选总统。"

字体歪歪斜斜，非常稚气，是个纽约州的小女孩寄来的。

林肯立刻回信给她：

"我很高兴收到你的信。我从来

留胡须的林肯

没有留过胡子，以后我会按照你的意思留胡子。"

果然，林肯从此以后都蓄着胡子。

11月6日，是投票的日子。林肯早上9点就到镇上的电信局去等各地来的消息，镇上的人也都群集在电信局外。

投票在各州举行，因为全国有30个州，要知道投票的结果，必须相当久的时间。

每当有电报来，就会引起一阵欢呼或是叹息。

南方各州自然不会有林肯的票，不过，对奴隶制度问题保持中立的州，林肯的票却相当高。

当选总统

下午一点，投票结果终于揭晓！

林肯以最高票当选。这位只当过一次国会议员的乡下律师，终于成为美国第十六任总统。

这天晚上，已经是半夜了，镇上还没有一个人愿意睡觉。大家都拥到庆祝酒会的会场，不断地欢呼，兴奋不已。

出现在庆祝酒会上的玛莉，兴奋地接受大家的祝贺，她那得意的神情，似乎是在说："我早就知道亚伯会当总统。"

至于林肯本人，他并没有特别的感觉。事实上，一位在小屋里长大的人能够当选总统，是件

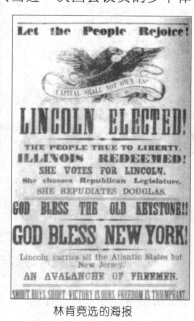

林肯竞选的海报

林肯
Linken

值得大书特书的事。 但是林肯只想到自己在这个时刻成为总统，肩上的责任有多大！

每个投他票的人都会想："林肯一定能解决纷争已久的奴隶问题。"

从此以后，他真是任重而道远！

林肯当选后，南方很快就发生骚动。 先是南卡罗来纳州宣布脱离合众国独立；接着是乔治亚州、阿拉巴马州、密西西比州、路易斯安那州、佛罗里达州、德克萨斯州等6个州同时宣布要和南卡罗来纳州共同组成南方联邦，而且立即招募义勇兵，购买武器。

没有多久，在美国南方的许多联邦政府机构，像邮局、海关、要塞等，都一一被南方政府接管了。

战争的情势似乎一触即发。

当时的制度是：11月选举总统，次年3月就任，中间有4个月的空当。

南方各州趁着这个机会骚乱。 林肯知道这些情形，非常头痛。

1861年2月，林肯一家必须搬到华盛顿去。

每天都有许多事情要处理，首先卖掉了已经住惯的房子，然后结束律师事务所的杂务，晚上还得收拾行李。

林肯每天一回到家便脱去上衣，像个工人，以强而有力的手臂打包、捆扎。

2月11日，正是林肯52岁的生日。

林肯塑像

这天早上，林肯一家人坐上马车，来到春田火车站。

从 28 岁起就一直住在这里，现在要离开了，林肯心中自然有着极浓的离情。

上天似乎也在向他告别，整天细雨霏霏。

火车站上挤满了人，镇上的要人都来了。林肯和他们一一握手道别。

最后，他握住了汉顿的手，说："我不知道要如何感谢你才好，我的工作能顺利进行，完全是靠你的协助，谢谢你！"

林肯说着，眼眶都湿了。

火车进站，林肯带着玛莉和孩子们，坐上最后一节车厢，这是特地为总统一家准备的。

林肯站在车厢后面的小阳台上，淋着雨，看着那些欢送的人。大家知道他要说话，顷刻之间都安静了下来。

"各位春田镇的朋友：过去 20 多年来，我一直活在各位的友情中。我的孩子，都是在这里出生的，其中一个，已长眠于此。我的心，和这个镇结合在一起。我一直能过着幸福的日子，完全是各位给我的爱护。

"我现在要离开这个令人怀念的小镇了，必须面对着比当年华盛顿将军所担负的更困难的任务。如果没有神的帮助，我可能无法突破这个难关。请各位帮助我，不要让上帝遗弃我。最后，各位多珍重，祝各位幸福！"

火车的汽笛响了。

大家目送着那消失在雨中的火车。

火车在开往华盛顿的途中，曾在好几个地方停留，使林肯可以听取更多人的意见。他的诚恳和毫不矫饰的个性，留给大家深刻的亲切感。

"这个人一定能拯救困难中的美国。"

大家都这么期盼着。

在费城，林肯受到空前的欢迎，这个美国独立时敲出自由钟声的城市，以无比的热诚来欢迎他。从车站到旅馆的路上，是人山人海的群众。

当晚，林肯在独立纪念堂发表演讲：

"自由和平等，并非只有美国人能享受，我们必须努力，使全世界的人都能享有这项权利，这是我们大家的责任。我为了此事，即使受到屈辱或被杀，也在所不惜！当然，我们必须避免战争，任何一个国家兄弟闹翻是最不幸的事！我希望能保持和平，但如果对方坚持不愿放下武器，我们也不能坐视。"

林肯入白宫的途中

林肯的心里，早就有了不惜一战的准备。

"政治自杀"

在经过一个多月的行程之后，林肯一家终于在 2 月初抵达华盛顿。

当他们踏上华盛顿的土地时，一家人忍不住欢呼："国会大厦到了！这就是我们的首都华盛顿了！"林肯也想："啊！我这多年的梦想终于实现了！现在和白宫更接近了一步。"

林肯手里牵着两个孩子，在朦胧的晨光中下车，踏上了月台。这时，一个前来迎接的黑人微笑着走了过来，很客气的行了一个礼："请问可是林肯先生？"

林肯很诧异别人怎么会一眼就认出自己来。这位黑人诚实的回答说："国会里的培克先生交代过我，从火车上下来的人里面，身材高大、面貌最难看的人就是林肯先生。"

林肯不生气，还夸奖培克这家伙说得真是"妙透了"。

当时的华盛顿已经是一个大城市了，有纵横交错的宽阔大街、广场、公园，以及一些坐落在宽敞草坪上的金碧辉煌的建筑。鹅卵石铺成的宾夕法尼亚大道宽阔美丽，从国会大厦一直通向白宫。

当时华盛顿住着4万人，其中有8000自由黑人和2000黑人奴隶。黑人依旧是林肯最关心的事情。林肯发现在国会大厦附近有一所监狱，他形容说它"活像一座黑人马房"，因为拘押在这里的黑人"完全像牛马一样"，将被押到南方去。

林肯在这里看见了一些奇怪的景象：高楼大厦与贫民窟为邻，猪和鸡在铺着石碴或炉灰的人行道上奔跑；大街旁有教堂，有酒馆，也有赌场和妓院；衣衫褴褛的奴隶驾驶着载运食品的有篷的大车；有时还会看到带着镣铐的奴隶走在大街上；在一些漂亮的街区，图书馆、博物馆、花园、喷泉连成一片，小广场上举行着这样那样的庆典或集会；透过高大建筑物的宽敞窗户，可以看到里边飘动飞旋的衣裙，那里正在举行舞会。鲜明的对比给林肯留下深刻的印象。

1847年12月，林肯在华盛顿的众议院大厅里宣誓就职，正式成为国会中伊利诺伊州的众议员。华盛顿是一个远比斯普林菲尔德广阔得多的全国性政治中心。此后，国会就成为林肯进行政治活动的中心。

玛莉非常得意。这里就是全国政治家憧憬的首都华盛顿！她现在已经具有国会议员夫人的高贵身份了。从国会议院楼上的旁听席望下去，一眼就看到她身材特别高的丈夫，他和那些来自全国各地的伟人并排坐在那里。

玛莉到外面去一看，只见那些来自各国的外交官夫人，戴着插着羽毛的帽子，雍容华贵神态自若地坐上马车。

可是，一回到旅馆，她满腔的得意立时变成了失望！原来那家旅馆位于灰尘满天飞的一条小街上，是一家不干净、价钱便宜的旅馆。林肯在春田已经是第一流的名人，可是在华盛顿只是数百个议员中的一个而已。

把自己的丈夫与道格拉斯进行比较后，玛莉更是愤愤不平了。原来，道格拉斯已经在议院里，成为一个颇有声望的大政治家，已经在华盛顿拥有了一所豪华的公馆。出门时就和他那位在社交界以漂亮出名的夫人坐一部用两匹马拉着的马车，非常威风。林肯刚当选上国会议员，穿一件破旧的大礼服，拿一把大布伞，天天到国会参加会议。这两个人的境况，真可以说是天壤之别。

"从前，在伊利诺州议会里，人家不是说这两个人都是前途有为的政治家吗？现在却大不相同！"玛莉想到这里，非常难过。不过，林肯对于自己与道格拉斯的差别并不在乎，却为自己有了实现政治理想的舞台而高兴，现在他更关心的是如何施展自己的政治抱负了。

几天以后，林肯在国会中作了第一次演讲，主要内容是论述邮政问题对于联邦的重要性，他以前担任过乡镇的邮政局长，对邮政问题相当了解。尽管在州议会作过多次演讲，但第一次站在国会大厦的讲台上发表演说，还是有些紧张。林肯竭力用镇定和沉稳来抑制紧张的情绪。这次演讲的时间很短，加上不是引人注目的话题，所以林肯演讲的内容并没有在人们的记忆中留下痕迹。不过，林肯表现出来的诚恳坦率和沉稳大方倒是给议员们留下了良好的印象。

林肯进入国会时，对墨西哥战争同样提出了质疑。当时，美军征服了墨西哥的大片土地，眼看胜利在望，国内舆论也完全支持政府的决策。林肯知道，发动墨西哥战争给许多人带来了巨大利益，一些人的财富正是建立在其他人流血牺牲的基础之上的。他清楚地看到了战争罪恶的一面。林肯发表谴责战争的讲话必然会引起一些人的反对，但是，他坚信正义才是最重要的。他的正义感和善良仁慈的品质使他不能够再保持沉默。

1848 年 1 月，林肯在国会众议院发表了他的一次重要讲话。他大声宣称："这是一场不道德的战争，它是非正义和不公正的！"

林肯首先对总统提出了质疑。他请总统开诚布公、用确切的事实而不是空泛的理论来解释问题，既然总统坐在华盛顿总统曾经坐过的地方，就应该具有华盛顿总统那样的高贵品质。对国民不应回避，对上帝则回避不了，所以请求总统在回答问题时不要隐瞒事实。

接着，林肯质问总统能否向人民证明洒上战争第一滴血的那块土地是属于我们的国土。如果总统寻找任何一个借口来回避作出正面的回答，那就说明他意识到自己是无理的。总统命令全副武装的美国军队开进墨西哥去对付那些手无寸铁的无辜居民，难道他还不是一个战争疯子吗？"难道他没有感觉到战场中流血的正在向上帝控诉他的罪行吗？"

林肯谴责总统从一开始就有意要挑起事端以便发动战争，蓄意通过战争胜利后的虚假功勋，以及战争血雨后的迷人彩虹来转移人们的视线，逃避人们的谴责。原认为轻而易举就可以使墨西哥屈服，但如今却陷在战争的泥沼中，使得总统惶惶然不知如何是好。

在演说中，林肯始终强调杰斐逊等开国元勋在独立革命时期确立起来的"天赋人权"思想，任何一个国家的人民都拥有革命的权利，有权推翻任何压迫的政府。

此时，美国屡战屡胜，街头到处飘扬着国旗，大家正在为前方的胜利欢欣鼓舞，林肯却认为这场战争是违反正义与人道的战争：认为美国胜利的大军是侵略别国的无名之师。林肯的讲话在众议院里引起了强烈反响，拥护者为之大声喝彩，反对者一时无言以对，波尔克总统则采取了不予理睬的"高傲"态度。

林肯凭借内心的真诚、勇气和激情，第一次在全国人民面前发出了维护正义的呐喊。 但是令林肯感到有些意外的是，这次孤军奋战的演讲不仅没有得到人们的广泛支持，反而让林肯大失人心。 他的讲话和对战争的态度还在家乡引起了一场风波。 许多人，包括林肯的一些崇拜者，对此感到十分愤怒，认为林肯的讲话是"不爱国"的，是"对死去烈士的不敬和污辱"。 原来，战争期间，该市先后有 6000 人志愿入伍，这些年轻人大多是怀着捍卫自由和国家主权的神圣信念从军的。

林肯非常痛心，觉得自己进行了一场"政治自杀"，同时又觉得很坦然，他认为每个人都应该将自己的真实想法公之于众，勇敢地说出自己的见解，决不能因为外部的压力而止步不前。林肯坚信自己的言行都是以正义作为最后的归宿，随着时光的流逝，他的见解终将为更多的国人所理解和接受。

在国会担任众议员期间，林肯还提出了在首都华盛顿废止奴隶制的议案。 他认为，至少应该先在首都禁止奴隶买卖，废除这个可耻的制度。 可是，这个法案也遭到了其他议员的反对。林肯的失望情绪越来越浓重了，甚至怀疑自己当初为什么要努力通过竞选到国会来呢，像他这样坚持正义的人，尽管每次都出席国会，可是到底能在政治中发挥什么用呢？

1849 年 10 月，林肯在众议院任期届满之后，林肯携家人回到斯普林菲尔德。

暗杀计划

林肯原来预定在费城演讲之后，前往巴尔的摩。但是他临时接到报告，说途中有人计划暗杀新总统。

想不到尚未就职，就有人想要暗杀他。 林肯并不怕死，但是在如此重要的时刻，美国不能没有总统。

于是林肯改变行程，故意搭乘普通列车，直接前往华盛顿。

这个时候，美国一片紧张，战争即将来临的气氛已很浓厚。

林肯最担心的，便是美国的分裂。他时常在思索：是不是有更好的方法，可以不使美国分裂，又能解决奴隶问题？

他的这种态度，常受到激进派人士的攻击。

1861年3月4日，举行总统就职典礼。华府的警备异常森严。在通往国会大厦去的路上，还驻守了军队，以防发生意外。

不过，观礼的群众仍然挤得水泄不通，很多人都从远处赶来。伊利诺州也来了不少人，因为他们要看看"我们的亚伯"光荣的这一天。

★★★★★★★
资料链接
★★★★★★★

詹姆斯·布坎南

任期：1857年3月3日～1861年3月3日

出生：1791年生于宾夕法尼亚

死于：1867年

所属政党：民主党

詹姆士·布坎南是唯一一位没有结婚的总统。1791年生于宾夕法尼亚州，一个富有的家庭。父亲詹姆斯·布坎南在一家店铺里工作。小布坎南是父亲的第二个孩子，父亲把自己的名字给了他。布坎南从狄更斯学院毕业后继续律师职业。

他曾5次被推选进入众议院；后在州议会和美国众议院工作。属杰克逊一派的民主党人。1831年任驻俄公

詹姆斯·布坎南

林肯
Linken

出任总统前，任公职达40年，颇有成就。1856年被民主党提名总统
候选人，在竞选中获胜。布坎南出任总统时，正值美国处于历史上的
一个重大关头。当时，南北双方在奴隶制问题上的斗争愈演愈烈。执
政后，奴隶制引起的危机日益加深，南北冲突步步升级，国内形势日趋
严峻，而民主党四分五裂。许多对内对外计划均因国内奴隶制问题的
矛盾尖锐化而未得到实现。

詹姆士·布坎南不谋求连任，民主党内又推举不出像样的候选
人，于是，1860年的大选让共和党人林肯赢得。布坎南卸任后回到宾
夕法尼亚。退休一个多月内战爆发，他敦促民主党人支持林肯。由此
他受到指责，成了替罪羊。但是，布坎南也遭到一些非议，说他支持
南方分裂主义者，从而吃到了一些苦头。曾著书阐述在任后期政府政
策以表明他对内战的爆发无责任。

77年里他一直独身。虽然在28岁时曾订婚，但未婚妻在1819年
由于过量服用镇静剂死亡。从此他再没提过订婚或结婚之事。77岁
时病故。

林肯与前任总统布坎南一起乘着马车，在夹道的欢呼声中抵
达国会。

国会前的大阳台上，坐着最高法院、国会以及政府的官员，
还有受邀观礼的各国使节、外交官等。

国会前的广场上，则聚集了几万名群众。

这位个子比谁都高的新总统一出现在讲台上，群众的喧哗声
立刻停了下来。

林肯将头上的帽子拿下来，但是一看，没有地方可以放，正
当他有点儿不知如何是好的时候，坐在国会议员席上的一个人伸
手过来，接下了帽子。这个人，就是林肯青年时代直到现在的
政敌，史蒂芬·道格拉斯。

林肯的手放在大法官取出的圣经上，宣誓就职。

这是最庄严的一刻。

然后，林肯从口袋里取出了讲稿，开始他的就职演说。

玛莉入住白宫时的晚宴

　　"我现在并无意干涉承认奴隶制度的州。"

　　林肯一开始便表达了他企图以温和的手段解决奴隶问题的想法。

　　"合众国只能有一个，每个州都不能按照自己的意思脱离合众国。"

　　这是他坚定的立场。接着，他向南方各州发出呼吁。

　　"会不会发生内战，完全取决于你们的一念之间。政府绝对无意攻击你们，除非你们先发动攻击，否则，不会有任何战争，无论如何，我都要保护政府的完整，我们不是敌人。"

　　林肯诚恳地希望避免战争的发生。

资料链接

林肯就职演说

　　时间：1861年3月4日

林肯
Linken

合众国的公民们：

遵从和政府本身一样古老的惯例，我在你们面前做一次简明扼要的演讲，并当场立下誓言，这是美国宪法所规定的在总统"行使职责之前"所要履行的仪式。

我觉得没有必要探讨行政公务，目前没有特别忧虑或高兴的事情。

南部诸州的人民看起来存在着疑虑：共和党执政意味着他们的财产、和平和人身安全将会出现危险。这种疑虑绝无明智的理由。真的，事实是最有力的证据，供大家去检视。你们可以从他几乎所有的演讲中发现这一点——就是现在在你们面前演讲的这人。我只能从这些演讲中挑选一篇，当时我发表宣言——我并不企图，直接地或间接地去干涉蓄奴州的惯例。我相信我没有这样做的合法权利，我也不倾向这样去做。

提名和选举我的这些人完全清楚，我已做了这个声明和许多类似声明，而且决不改变；不仅如此，在政纲宣言中，我接纳选举人的一项清晰明确的决议，这对他们、对我都是一个法律，我现在宣读一遍：

决议：保持各州的权利不被亵渎，特别是各州依靠自己的独立判断去命令和管理自身机构的权利，这种权力平衡是必要的，能保证我们的政体尽善尽美和持久长远；我们公开抨击，用非法武力去侵犯各州或准州的土地的行为，不论用何种托词，都是最大的恶行。

我现在重申这些主张，只是向公众表明一个最鲜明的事实，没有哪个地区的财产、和平和安全会受到即将上任的政府的蓄意侵犯。我还要加上一句，不论出于何种理由，只要各州的要求合法，政府都会高兴地给予与宪法和法律一致的保护——对各州不会厚此薄彼。

对于遣返逃避服兵役和服劳役者这个问题有很多分歧。现在我宣布一个条款，这个条款和任何其他条款一样都是标明在宪法里：

任何据一州之法律在该州中服役或服劳役之人逃往另一州，不能根据另一州任何法律或条例判决，而解除其服役或服劳役，而应依照有权要求该项服役或服劳役之当事一方的要求，把该人遣送。

毫无疑问，这一条款的订立者是要求归还我们通常所说的逃亡奴隶，法律制订者的目的就是法律。所有国会议员都宣誓拥护整个宪法——这个条款和其他条款一样遵守。因此对于适合这一条款情况的奴隶"应该遣送",他们的誓言是相同的。现在,如果他们平心静气地作一番努力的话,为何不能用差不多相同的看法,去通过一项法律,使得这一致的宣誓长久地保有?

这一条款是由国家还是由州政府来实施,有着不同的看法,但实际上这并非什么很重要的问题。如果这个奴隶要遣返,那么不管哪个官方来实施,对他或其他人来说,都是没有影响的。对于怎样去履行一个誓言,任何人在任何情况下怎会只因一个非实质性的争论而不去信守诺言,谁愿意这样呢?

再说:在这个问题上,处于文明和人道的法律体系中,就不能把捍卫自由的任何法律让人人知晓,以便一个自由人不会在任何情况下被当作一个奴隶遣送?而同时,宪法的这一条款的法律执行不也是得到了贯彻吗?宪法不是保证"每一个州的公民拥有其他州公民一样的基本人权和豁免权"吗?

今天我庄严宣誓,既无保留意见,也不用苛求的尺度去分析宪法或法律。我现在不能做这样的选择:国会的某些特别法案要去彻底实施。但我做一个建议,不论是正式和私下场合上,配合和服从还未撤销的所有法令更为安全,不要指望违背宪法而触犯其中一项会不受惩处。在我们的国家宪法约束之下,从第一位总统任职开始到现在已有72年了。其间有15位性格各异和非常卓越的公民先后执掌了政府的行政部门。他们克服了许多艰难险阻管理着政府部门,一般而言都赢得了伟大的成就。继承这些前人的经验和智慧,在这伟大而特殊的困境中,我担当起同样的工作,去度过宪法规定的四年短暂任期。联邦的分裂,以前只是一种威吓,如今却是难以避免的侵袭了。

我相信在普通法和宪法中各州构成的联邦是永恒存在的。在所有国家政府的基本法中如果没有明确指出这种永恒性,那也暗含着这一点。可以断定,没有一个合法政府为它的基本法规定了终结的期限。不断地执行我们国家宪法明文规定的条款,联邦将会永远存续,这不可能终结,除非是超越宪法本身的某些行为。

再说:如果合众国不是一个正规政府,而只是各州的一个契约性质的联盟,作为一纸契约,难道就能够不经过所有缔约者而无声无息地失效了吗?缔约的一方可以违反它——或者说,撕毁它——但不是需要所有的缔约者才能合法地废止它吗?

从这些普遍法则来推理,我们发现从法律上去考察这种永恒性的主张,已被联邦自身的历史永久地确立。联邦比宪法古老得多。事实上,它是在1774年联合订约而成立的。1776年的《独立宣言》使其完善并延续下来。1778年联合政府条款使其进一步成熟,当时13个州由此明确宣誓和保证联邦会永恒存在。最后在1787年,宣布制定和认可宪法的一个目的是"组成一个更完美的联邦"。

但如果只由一州或一部分州破坏联邦而合法化,那么联邦比没有宪法之前更不完美,它已丧失了永恒性这一要素。

从这些观点推断,没有哪个州能根据自身意图就可以合法地脱离联邦;所作出的决议和法令在法律上是徒劳的,一州或数州反抗美国执政当局的暴力行动,可依其实际情形,认定为反叛或革命。

从宪法和法律的观点出发,我认为联邦是不可分裂的,我将竭尽全能、精心细致地依据宪法本身明确授予我的权力,使联邦的法律忠实地在各州得到实施。做到这一点,我认为只是应尽的一个基本职责,我将依实际情况来履行它,除非我的合法主人——美国人民限制必要的手段或采取一些郑重的方式指示我相反的做法。我相信这不会视作一种危害,只是把它视作联邦明确表示的意图,即它要用宪法来维护和延续自身。

做到这一点并不需要流血或暴力,不会有上述情况发生,除非国家执政者被迫去这样做。给予我的权力将是执掌、使用和保有属于政府的财富和名分,征收普通税和关税;为了这些目标所必需的措施之外的手段,将不会涉及,不会使用暴力去反对或离间任何地区的人民。要是国内任何地方对联邦的敌对势力强大和普遍,因而可以阻挡称职的公民去就任联邦职务,这个地方的人民就不会强迫那位讨厌的异类人去任职。尽管政府有充分合法的权力去执行这些职责,但这种实施会引起极大的愤怒,是缺乏洞察力的,因之我认为这段时间暂缓落实这些职责。

邮件,除非是受到拒斥,仍将在联邦的各处予以投递,竭尽所能采取一切办法,将会使各地人民得到完全安全的感觉,这最有助于从容地思考和反省。这里讲述的措施将会予以实施,除非目前的事态和过去的经验表明需要适当的调整和改变,在任何情况和危机状态中,我将极其清醒地履行职责，以应对目前的实际形势，心中怀抱和平解决国家动乱的信念和希望，恢复友爱和融洽的和谐秩序。

在某些地方有些人寻找各种理由去破坏联邦，为得到任何借口而欢欣鼓舞，这是否属实，我无意肯定也无意否定。但如果真是如此，对他们我不需要去说什么，然而对那些真心爱恋联邦的人，我不应该说说话吗？

在进入事关我们国家组织和它的利益、记忆和希望这样重大的问题之前，详细阐释我们为何要介入这个问题，不是很明智吗？当你们要逃避的苦难完全可能并不真正存在，你们愿意如此绝望地走出冒险的一步吗？比起你们要从一切真实的灾难旁逃避而言，这种逃避使你们遭遇更为巨大得多的灾难，你们愿意冒险寄希望于这样可怕的一个错误之上吗？如果宪法的所有权利都得到了保障，那么人们都会承认处于联邦之中是满意的。那么现在宪法明文规定的权利是否已被否定？是这样吗？我想不会。让人快慰的是，人们的想法是如此的一致，没有哪一方敢如此大胆行事。想想吧，如果你能，那么就举出一个宪法明文规定数量的威力去剥夺少数派宪法上明文规定的权利，那么从道德上看，革命是有理的；如果这项权利举足轻重，那么就更是如此了。但我们这里并非这样的情形。少数派和个人的所有重要权利在宪法中通过保证和拒绝、担保和禁令这样的方式得到明确的保证，有关宪法的争议从未涉及这一方面。但从没有哪一部根本大法能制定出一项特别条款去解决实际行政工作出现的各种问题。既没有人有如此先见之明，也没有任何精确适度的文件，能圈定所有可能出现的问题。逃奴是由国家还是州政府去遣送？宪法没有明确说明，国会是否可以在准州禁止奴隶制？宪法没有明确说明。国会是否必须在准州内维护奴隶制？宪法没有明文规定。

从这类问题导致了我们全部的宪法争论，我们由此分成了多数派和少数派。如果少数派不愿服从，那么多数派必须让他们服从，否则政府就此毁灭。不存在其他的可取之道，为了延续下去政府要从属一方或另一方。如果少数派宁愿脱离而不愿服从，他们就制造了一个榜样，这榜样反过来将分裂和毁灭他们，因为当他们中的多数派不愿服从少数派的支配的话，那么少数派将从中脱离出去。比如说，一个新联盟的任何一个部分一年或两年以后为什么就不可以随心所欲地再次脱离呢？目前联邦中的某些州宣称脱离联邦不也是这样？那些坚持分裂意见的人现在正受到这种性质的教育。

这些组成新联盟的各州存在纯粹同一的利益吗？会做得亲密无间，能防止再一次脱离吗？

很明显脱离联邦的核心观念是无政府主义。多数派在宪法的检验和约束下执掌政权，总是能随着大众那种深思的意见和深厚的情感而顺应变化，那么这样的多数派就是自由人民唯一的真正领袖，谁拒绝它就会陷入无政府状态或专制之中。全体一致是不可能的。少数人的统治，以长治久安之道而言，是完全不可取的；因此，拒绝多数人的原则，所剩下的只会是某些形式的无政府状态和专制。

我并没有忘记一些人提出的设想——把宪法问题交给最高法院来裁断，我也不否认这类裁断在任何案例中对诉讼当事人及诉讼对象都有约束力，而他们也有权在所有同类案件中受到政府所有其他部门非常高的敬意和重视。尽管在司法中这类裁断可能出现错误，仍会产生不良后果，但局限在特定的案例中，有机会可以去改变，决不会成为其他案例的一个榜样，比起其他实践所产生的不良后果，它更容易忍受。与此同时，公正的公民必须坦承，如果政府事关全体国民的方针无法逆转地由最高法院来裁断，那么一当这种用于个人诉讼当事人中间的一般诉讼介入的话，人民就会失去了他们自身的主宰地位，到了这个地步，实际上已顺从地把人民的政府交到显赫的大法官手上。从这个观点看不存在对法官或法庭的指责。对于严格地按程序交到他们手中的案件作出裁断那是他们无法推诿的职责，要是有人寻求把法官的裁断转变为政治意图，这可不是他们的错误。

我们国家一部分区域的人相信蓄奴制是对的，应该继续下去，而另一部分区域的人相信它是错的，不应该继续下去。这是唯一本质上的分歧。宪法中有关逃奴的条款和禁止外国奴隶贸易的法律都得到良好的执行，也许，就像人民的道义观念不完全同意法律本身，但法律仍得到执行一样。对于两项事实所引起的无趣的法律义务，人民中的绝大多数是遵从的，很少数的一部分均予以违反。对于此，我认为，不可能完全予以消除，在一部分地区分裂出去之后，会比以前更糟。外国奴隶的流入，现在没有完全消失，但之后会在一部分地区毫不限制地复苏过来；而逃亡奴隶，现在只是部分的遣返，但在另一地区，将来是完全不遣返。

就地缘而言，我们不可能分离。我们不能彼此各自迁移开去，也不能建立起不可逾越的高墙隔开彼此。丈夫和妻子可以离婚，不再相见，互不来往，我们国家的不同部分却不能这样做。他们不只是要面对面，而且要交往，不管和睦的还是仇视的，彼此必须不停地交往。那么交往在分裂后会比分裂前更为方便或更为适当吗？外国人之间订立协议会比朋友间制定法律更容易吗？陌生人之间的协议会比朋友间的法律更为忠实地被执行吗？假设你要进行战争，你不能一直打下去，当双方损失巨大、毫无所获时，你会停止战斗，作为交往的方式，这个完全同一的老问题再次摆在你的面前。这个国家，和它的社会事业机构属于居住其间的人民。任何时候他们对现政府产生了厌恶，他们可以根据改进政府的宪法权利来行动，或者用革命的权利进行分割或者摧毁现政府。我不可能不知道这些事：许多可敬的和爱国的公民渴望修改国家宪法。尽管我没有提出修改的建议，但我坦承人民在整个事情上拥有合法的权利，去运用宪法自身规定的任一模式；在目前的形势下，我不会阻碍而会帮助人民运用公正的机会正实行这种权利。我决心加上一条意见，对我而言，更喜欢人民代表大会的模式，它允许人民自己去提出修正案，它可以代替那种由别人提出的倡议，而人民仅仅被允许赞成或反对的模式，这些倡议并非专门为了人民的意图而特别选定的，而且不可能像那些人所希望的那样，仅仅赞成或否决那样简单明了。我知道一项宪法修改的提议——这项修正案，毕竟，我没有看到——国会已经通过了，其目的是联邦决不能介入各州内部机构，包括人员服役的事宜。为了避开对我已说的发生误会，我脱离我的意图，不再谈及特定的修正案，尽管这样，我还是要说一句，现在把这一条款作为宪法意味的法律，明文确定，不得更改，我并不拒绝这样做。

最高执政官所拥有的一切权力都来自于人民，他们从未指定他去确立分裂各州的条款。如果他们要做抉择，他们能够自己去这样做，但与执政官没有什么干系。他的职责是管理他执掌的政府，把政府毫无损害地传递到他的继任者。

为何不对人民最终的裁断抱着坚毅的信任？在这世界里就没有更好或同等的希望了？在我们当前的分歧中，双方就不相信自己是正确的？如果统率万国的万能之主，带着他的永恒真理和正义，站在你们北方这边，或站在你们南方那边，经过美国人民这位伟大法官的裁决，真理和正义将真正地大白于天下。

作为我们赖以生存的政府机构，人民为了避免伤害明智地只给予他们的公务员一点点权力，同样高明的是规定只隔很短的时间就把那点权力收回到他们自己手中。当人民保有正直的品性和警醒的心灵，即便行政机构极度腐败或愚蠢都不能在四年的短暂舞台上，对政府造成非常严重的损害。

我的国人们，所有人一起冷静地、好好地思考这整个问题。没有价值的事情会随着时间而消失。如果你们中任何一个人慌慌忙忙对一个目标迈出了热情冲动的一步，这一步你绝对没有经过深思熟虑，这个目标随着时间流逝而无法抵达，不好的目标只能受到挫败。你们当中不满的人仍拥有古老的宪法，它未受到损害，再者还可以微妙地表明，你们有自己在宪法之下的法律；而新政府如果有心，也没有直接权力去改变其中任何一项。如果表明不满的人在这场争论中占据了正确的一边，也没有单独的好理由去贸然行事。理解力、爱国心、基督教精神，还有对上帝的坚定信仰，他从未放弃这块偏爱的土地——这一切仍可以用最好的方式充分调解我们目前的全部困难。

在你们的手里，我的同胞，不是在我的手里，握有内战的抉择权。政府不会袭扰你们。你们不会受到攻击，除非你们自己挑衅。你们没有向天发誓去毁坏政府，而我要做一个最严肃的承诺，要去"维持、保卫和支撑它"。

我不愿意就此结束。我们不是敌人，而是朋友；我们必须不成为敌人。尽管激情会让我们的情感关系扭曲，但没必要绷断。回忆的神秘之弦，从每一片战场和爱国者之墓伸展开琴弦，在这宽广的国土上与每一颗搏动的心房、温暖的壁炉联结起来，当我们本性中的更为美好的天使——只要他们真的乐意——去再次触抚琴弦，我们仍将陶醉于联邦大合唱之中。

已经是3月底了，安德森那里的情况越来越危急，或许现在要塞里的将士们已经开始挨饿了。此时的白宫却正在举办总统就任后的第一次大型招待会：身穿一套崭新燕尾服的林肯和身材姣好、光彩照人的玛莉站在一处迎接着来宾。上百双幸灾乐祸的眼睛在等待着林肯出丑。 可今天，他却一直自然地和众人聊着天，自始至终表现得十分得体。 明天的泰晤士报记者准又能写出这位新任总统讲的许多故事了：关于他喝醉了的马车夫，或是他在西部生活时遇到的种种趣事。 告辞时，客人们或许还会想，当前的局势似乎还并不太危险。 事实上，这歌舞升平的一幕不过是林肯有意安排，避人耳目的。 招待会期间，他就以十分严肃的态度通知了各位部长，当晚要召开一次紧急会议。 招待会结束之后，部长们都留了下来，林肯通知大家说，斯科特将军催他们赶快放弃萨姆特要塞，问大家该怎么办。 那天晚上，每位部长回家时，心里都一定是忐忑不安的。 几个小时之后，也就是第二天一早，他们还要再去参加一次会议，听取总统的意见。 林肯决定派一艘船给要塞运送给养；在此之前要通知南部的官方，船只不过是给要塞里断了口粮的将士们送粮食的。 倘若南方反应正常，那么一举两得：一则政府的声望得到了保障，再则要塞内官兵性命也都保住了；若是南方真像几个星期以前所叫嚣的那样，动用起武力来，那么虽然战争打响，但挑衅的罪名却自然而然地落到了南方人的头上，是他们先放了第一炮，引发了紧张局势，他们理应为此负责。 同时，北方人民的愤怒也会被激了起来，要知道，没有这种群情激昂，战争是打不胜的。

以微笑面对一切

进入白宫以后，林肯不仅时常为战场担忧，还得时常回应政敌的攻击。 许多事情都令他感到痛苦和不快。 在这样的环境中，林肯善于讲笑话和幽默故事的本领显得更为可贵。 笑话是用来暂时舒缓内心苦闷和环境压抑的良药，讲故事更是对别人的攻击做出巧妙回应的良方。

有一次，林肯只用了几句话就回击了道格拉斯的攻击。 他对周围的人讲了一个小故事。 以前，他在内河当船员时看见一艘容量非常小的汽船，这艘小汽船常常冒着烟在运河上来回航行。 它有一个 1.5 米高的锅炉和一个 2.1 米高的汽笛，每当汽笛一响，小船就只能停止下来。 林肯把讲起话来滔滔不绝的道格拉斯比喻为这艘汽船，暗示道格拉斯肚量狭小，说话时就无法思考，思考时就不能说话，所以说的话都是欠缺考虑的。

　　林肯当选总统以后，从四面八方蜂拥而来的求职者几乎踏破了白宫的门槛，给本来就为各种事务忙得焦头烂额的林肯增加了许多的烦恼。 林肯为了应付这些求职者大伤脑筋，抱怨说，每当把一个政府职位分派出去时，他就只得到了一个朋友，却招来了一百个未能得到同一职位的敌人。

　　一个林肯儿时的伙伴也来求职。 这个人没有什么才能，却希望得到政府中的高级职务，最低职务也得是国家造币厂的厂长。 林肯好不容易才将这个自恃不凡的朋友打发走，他对秘书说："这人干脆直接说要当财政部长得了。"并幽默地补充道："也许，他是认为劈柴的林肯都能当总统，他也应该水涨船高，起码从一开始就得谋个高位呢。"

　　一天，一位求职者对林肯说，他曾经为林肯的竞选做出了巨大贡献，林肯能够当上总统与他的努力是分不开的，所以要求林肯为他分配一个职位。 林肯对这位大言不惭的求职者说："当上总统以后有这么多的烦恼。 是你让我当上了总统，那也就是你给我带来的麻烦，这还有什么好感谢的呢!"

　　有个代表团请求林肯总统任命他们推荐的人担任某一地区的政府专员。 他们说，此人虽然有能力，但是身体虚弱，那个地方适宜的气候对他恢复病情很有好处。 林肯叹息着回答他们："太遗憾了，另外几个人已经申请了这个职位，但是他们都比你们推荐的这个人病得厉害。"

　　一个女人请求林肯总统为她儿子授予上校军衔。 她的理由是自己的家族对国家做出了巨大的牺牲。 她的祖父在列克星敦打过仗，她的父亲在新奥尔良打过仗，她的丈夫则是在蒙特雷战役中阵亡了。 林肯顿了顿，回答说："您的家人已经为国家做了足够多的贡献，现在该给别人留下一个机会了。"

一位来自费城的求职者三番五次地找林肯，占用了林肯大量的工作时间。 林肯在无奈中想出了一个摆脱此人的妙计。 那人又一次来访时，林肯直接朝屋角的衣橱走去，从架子上拿出一个瓶子，对那个头发秃落得厉害的来访者说："您试过这种生发的东西吗？"那人回答说，从来没有试过。 林肯就把手中的瓶子递给他，建议他回家去试试，即使没有效果也要继续使用，直到10来个月以后再找我，到时可以告诉疗效如何。 那人只得狼狈地走了。

林肯生病了，前来求职的人依然很多。 一天，一个人来到林肯这里，摆出要彻夜长谈的样子。 这时，正好总统的医生来了，林肯就伸出双手来看，询问身上的疙瘩是怎么回事。 医生认真地回答说，是假性天花或者是轻度天花的缘故。 林肯故意问这种病是否会传染，医生故作肯定地回答说，传染性确实特别强。 就在林肯和医生的一问一答中，那个求职者站起来告辞走了。

在众多的求职者之中，还有一些上了年纪却毫无管理经验的老人。 为了摆脱这些人的纠缠，林肯讲述了当律师期间的一个证人的故事。 有位年老的证人在法庭上作证，法官询问他的年龄，他回答自己60岁了。 法官见他颤颤巍巍的模样，猜测他无论如何也不止60岁，就又问了一遍，可得到的仍是原来的回答。 法官就警告说，法庭需要知道他的真实年龄。 老头只得回答说，先头说的年龄是忽略了在马里兰州所度过的那15个年头。 那段日子简直是白活了，所以不能算数的。 听完这个故事，老人们只好苦笑着离开了。

林肯担任总统以后接触了许多职业政客。 他深知有些政客在暗地里狼狈为奸，表面上却都装成道貌岸然的正人君子模样。 有一次，有人问林肯怎样看待职业政客，林肯又以一个故事来阐明看法。 一个州长视察监狱，在途中停下来和一些犯人谈话。 几乎每一个犯人都说自己是无辜的，唯有一个犯人承认自己有罪，接受的惩罚是公平的。 州长听了说："我非要赦免你不可，我不能让你在这里腐化所有善良的人。"

有一次，林肯的征兵政策受到一位州长的攻击。这位州长高声抗议，表示拒绝执行总统的命令。林肯命令陆军部长史坦顿直接进行征兵。他又讲了一个故事：有一次，我在河边看见一个特别的男孩。在一艘轮船要下水航行时，人们都要选出一个男孩到船底下挪开阻挡船只移动的木块，这样船才能够前进。这个男孩的行动非常关键，必须在把木块挪开以后就立即平躺下来，让船只从他身上滑过去以后再站起来。这个男孩在做这件事的过程中一直大喊大叫，好像就要没命了一样。林肯以为他叫得那么厉害，一定是受伤了，然而，这小孩站起来时却毫发无损。造船厂的主人告诉我，这个男孩总是被选派去做这件事，他每次都很好地完成了任务，从未受伤，但是每次都要这样大叫。

林肯把这位拒绝征兵命令的州长比喻为那个总是要大声喊叫的小孩。州长正在很好地完成分配给他的任务。他的抗议只是想让人们知道要完成的任务是多么的困难，这样才能体现出完成这项任务时的成就感。

林肯总统善于讲笑话。于是，人们也以林肯的这个特点来开玩笑。两个教友会的妇女坐在火车车厢里，人们听见她们正在议论戴维斯和林肯之间的战争。

第一个人说："我认为南方的戴维斯会取得胜利。"

第二个人问："为什么你这样想呢？"

第一个人回答："因为戴维斯一直在做祈祷。"

第二个人争论说："可是林肯也一直在祷告呀。"

第一个人回答说："上帝会以为林肯不过是在说笑话呢。"

南北战争中，林肯时常接到前方的战况报告，其中有些战报夸大其词，着重描述战斗是何等的激烈和残酷，其实只不过是一次小规模的交火而已。林肯从结尾处附着的小小伤亡报告单，就可以看出端倪。一次，林肯对周围的人们讲了一个故事：以前，有个吹牛者常常因为把牛皮吹过了头而被人们嘲笑。于是他的仆人就在适当的时候提醒他一下。 那天，吹牛者又信口开河地讲起在欧洲的见闻，说他在欧洲见到的一座建筑物如何雄伟壮丽，长有1.6千米，高有0.8千米。 他正在夸夸其谈时，被仆人用脚踩了一下，他立刻想到可能又说得过头了，就立刻闭嘴。 有人好奇地追问这个建筑物的宽度是多少。 那个吹牛者小心谨慎地回答说大约只有0.3米吧。 众人听了哈哈大笑起来，无不佩服总统的鉴别力。

南北战争最艰苦的时候，许多人劝说林肯和南方的戴维斯妥协。 他们认为北方的自由制度和南方的奴隶制度可以并行不悖。 林肯意识到这是不可能的，用一个故事来说明他的态度。

有一个受人尊重的布朗牧师在市政委员会里兼职。 有一次，市政委员会要在一条水流湍急的河上造桥，前面几位建筑师都失败了。 布朗牧师推荐了他的朋友琼斯来试试，说琼斯非常有才能。 市政委员会的人不放心地问琼斯，他是否真的有把握设计一个这样困难的工程。 琼斯爽快地回答说，他可以造好任何一座桥。 要是有必要的话，甚至能建造通往地狱的桥。 市政委员们怀疑琼斯在吹牛。 为了支持自己的朋友，布朗表示对琼斯先生非常了解，毫不怀疑琼斯能够建造通往地狱的桥，问题在于恐怕地狱那头是没有桥墩的。

林肯讲完故事后继续说，那些政客们说南北方的制度是可以调和的，但是南方是否存在这样的"桥墩"则是值得怀疑的。

林肯自己曾经说，幽默是一种有效的润滑剂，使自己避免了许多的摩擦和痛苦。 很多时候，林肯并不是对故事本身感兴趣，而是要借助讲故事来达到一种目的或效果。 讲述一个简短而恰当的故事，既可以委婉地传达自己的意见，又可以避免直接拒绝或批评所带来的感情伤害。

事实正是如此，林肯依靠幽默和智慧巧妙地化解了许多政治上的矛盾。 即使是在与内阁成员们讨论国家政策等最严肃话题的时候，林肯仍然会不时地讲一段轶事来表明自己的想法，往往在笑声中结束争论。

143

林肯

　　或许，林肯善于讲笑话和故事还有一个更隐秘的原因，正如他自己所说的，选择微笑，只是因为不能选择哭。作为国家危难关头的总统，一举一动都会产生巨大影响，所以，只能选择微笑来面对一切。

南北战争与解放奴隶

　　卓越的天才不屑走一条人家走过的路，他寻找迄今没有开拓过的地区。

——林肯

林肯
Linken

战火弥漫

美国总统的官邸，叫做白宫。
林肯成为美国的第十六任总统，住进了白宫。几乎每个晚上，都有官式的宴会。

成为第一夫人的玛莉，她的欢喜自然不在话下。从少女时代以来的梦想，现在终于实现了！穿着盛装周旋在达官显要之间，是她极感快乐的事。

但是林肯的心情却很沉重，在他就职的第二天，就传来了不好的消息。

执著的玛莉

这天早上，林肯刚上班，就看见桌上有封信。这封信，是驻防在桑姆特要塞的安得逊少校寄来的。

桑姆特要塞位于南卡罗来纳州恰斯敦港的入口，扼守着港口。自从联邦政府设在南方各州的机构陆续被南军占领之后已进逼到这个要塞来了。

安得逊少校率领手下，坚强防守着，但是粮食已经不够，这

白宫中的林肯夫妇

样下去，终有一天会失守的。 因此，安得逊少校来信请求政府派军支援。

如果政府派了军队去，一定会与南方军队正式起冲突，这样一来，战争就无法避免了！

"政府还没有做好战争的准备，只好放弃这个要塞。"出任林肯内阁的共和党元老休瓦特如此主张。

"如果退出了这个要塞，南方会轻视政府。"

林肯认为应该运粮食到桑姆特去接济。

4月12日，运粮船即将抵达桑姆特要塞。

这个时候，南方军队的大炮已朝向要塞，发动猛烈攻击。

守军沉着应战，支持了两昼夜，终于弹罄援绝而投降。

占领了要塞的南军，立刻烧毁了合众国的国旗。

"桑姆特要塞沦陷了！"

消息很快传到北方。

痛苦的"第一夫人"

南方果然以武力背叛了合众国，现在北方不得不起来应付了。 兄弟之间居然兵戎相对，一直期望着和平的林肯，只好忍住眼泪，下定决心。

政府立刻召集志愿兵。

"我们要为美国的自由而战！"

北方的年轻人，纷纷投效义勇军。

南方也加紧各项准备。 本来一直抱着观望态度的中立州——弗吉尼亚州，终于加入了南方阵线。

南方联邦的首府，设于弗吉尼亚州的瑞奇蒙德。

弗吉尼亚州与华盛顿市只隔一条波多马克河。 美国就以此河为界，分为南北两派。

炮声不时地隔河传来，华盛顿的市民都很担心，不知道哪天，炮弹会飞过来。 华盛顿市通往北部各州的铁路和电线，也都遭到破坏，市民因此更加惶恐不安。

林肯连睡觉、休息的时间都没有。 他当选总统不过一个月，脸上的皱纹已加深了许多。

不幸的是，在这样的忧患中，林肯的三儿子威廉患急病而死。 前一个晚上还好好的，第二天突然发高烧，不久就停止了呼吸。

"威廉……威廉……"

林肯接到噩耗赶回去，抱着威廉的尸体痛哭失声。

如果没有战争，一向疼爱孩子的林肯，可能一两个月内都会闷闷不乐。 但是现在国家处于非常时期，不容许他终日为丧子而忧伤。

南北战争的第一场战事

　　战争开始以来，南军一直占优势。 政府的义勇军没有受过什么训练，总司令麦克雷蓝并不是个有经验的军人，结果时常挫败。

　　波多马克河的对岸，一直传来敌人的炮击声。

　　"政府到底在干什么？为什么不攻击瑞奇蒙德？"

　　北方的人民都很焦急。

　　7月，政府终于派了3万大军攻进弗吉尼亚州，当时南军就在离华盛顿不远的布鲁兰地区。 北军来势汹汹，可惜的是，没有受过什么训练，两军交战了一天，北军的伤亡很惨重。

　　"发动这种没有把握的战争，完全是总统的不对！"一向与总统意见不合的总司令麦克雷蓝这样说。

　　布鲁兰之役，政府军挫败，共和党内也有人开始批评林肯政府的作风。 身为阁员之一的共和党元老财政部长契斯，一向与林肯格格不入，他不同意林肯的做法，因此也不服从林肯的指挥。

　　在这种情况之下，北军怎么能战胜团结一致的南军呢？这使得林肯更加痛苦。

　　由于战势紧急，林肯任命佛里蒙特担任中部地区的军队总司令。 这个人年轻有为，很多青年都愿投在他的麾下效命。

1861 年 7 月布尔河之战

★✦★ 资料链接 ★✦★

布尔河之战

　　1861 年 4 月美国内战爆发后，北方联邦军迟迟没有采取重大行动，南方军队则逐步向北逼近，于 5 月 6 日进驻马纳萨斯，威胁联邦首都华盛顿。北方舆论强烈要求向南部同盟"首都"里士满进军。5 月下旬，联邦军主力 3.5 万人南下迎敌。7 月上旬，联邦政府决定以一部兵力牵制驻守蓝岭西部的南军，另以主力攻打南军主力，为进军里士满铺平道路。但由于联邦军内部配合不力，致使驻蓝岭西部的南军作为增援部队及时赶到布尔河地区，与南军主力会师。7 月 21 日，联邦军队开始向南军进攻。作战中，联邦军队一部沿沃伦顿大道佯攻布尔河上的石桥，联邦军主力则在萨德莱斯普林斯强渡布尔河，攻打南军左翼，并取得一定进展。激战中，南军骑兵出击，在亨利豪斯山阻滞了联邦军的攻势。下午，南军增援部队发起反击，猛攻联邦军右翼，迫使其撤退。联邦军后卫部队顽强抵抗，且战且退，但退至沃伦顿大道时乱了队形。 此时，天色已晚，加之大雨滂沱，道路难行，南军遂停止追击，战斗结束。 此战，联邦军伤亡、失踪约 2800 人，南军损失约 1900 人。

格兰特将军

在布鲁兰战役之后一个月，一天早上，林肯看见报上有佛里蒙特向密苏里州发出的布告：

"密苏里州州民中，若有人帮助南方军，将没收其财产，若有人用奴隶，需将之解放。"

林肯看了非常气愤，没有经过总统的许可，怎可擅自发布命令？而且，这次战事的起因，是因为美国南方各州脱离合众国，但是佛里蒙特却认为是为了解放黑奴而战。

美国内战

林肯
Linken

这个布告如果真的执行，原来保持中立的奴隶州，可能会立即加入南方联邦。

　　为了这件事，林肯虽很信赖佛里蒙特，仍不得不将其免职。

　　第二年，麦克雷蓝辞职了。 这样一来，林肯只好亲自担任总司令，发布作战命令。

　　虽然不是什么大战争，可是在战场上死了不少人，同样是美国人，却如此互相残杀。 林肯觉得很痛苦。

　　事实上，还有很多令林肯担心的事。 因为战争的关系，北方有很多工厂都倒闭了，与外国的贸易因而减少。

　　南方的情况也差不多，英国因为得不到棉花，希望战争赶快结束，经常供应武器和金钱给南方。

　　战争拖久了，会带来什么样的结果？ 林肯自己也不知道。

　　在这层层的忧虑之中，林肯的内心，有了一种转变。 那就是佛里蒙特所发的布告。

　　北方有很多人非常赞成佛里蒙特的作法，大家都认为：我们是为了解放奴隶而与南军作战的。

　　而林肯原来的想法是：先谋求合众国统一，解决奴隶问题容后再说。

格兰特

　　可是现在有了这个理由，隐藏在林肯内心深处的理想，逐渐被唤醒了。

　　"即使合众国

斗士的林肯

统一，却不能维护自由的精神，那又有什么意义？对了，为了所有人类的自由，必须打仗，这并非是兄弟闹翻，而是为了全人类的自由而战。"

战争继续打下去，林肯的信念也愈来愈明显，虽然处于困难之中，他的内心已有了奋战到底的决定。

前来参加义勇军的人中，有位年约 40 岁，名字叫尤里西斯·格兰特（1822～1885）的人，年轻时曾参加过墨西哥战争，表现十分杰出。

他的领导能力逐渐在军队里崭露头角，不断地受到上司的赏识，终于让他指挥大队人马。

格兰特率领的军队纪律严明，连战连捷。

1862 年春天，格兰特所率领的部队攻下了南军好几个要塞。 这对一直打败仗的北方军来说，是首次辉煌的战果。 于是林肯擢升他为总司令，正如林肯所预期的，格兰特是个了不起的人才，政府军在东部和中部，接着都有较佳的进展。

解放黑奴宣言

林肯打算正式向民众宣布他的信念了。 他与幕僚磋商，拟就了一份解放黑奴的预备宣言——黑人应该拥有自由，为了让所有的人一律自由平等，我们要统一合众国。

这是 1862 年 9 月 22 日的事。

正式的宣言，是在次年的 1 月 1 日公布的。

不人道的奴隶制度终于被林肯总统废止了！

从首次看到奴隶市场以来，这个问题一直盘旋在林肯的脑海中。 这项污染人类历史、违反人道的制度，终于被明令禁止。从此以后，再也看不到残酷的奴隶市场了！

林肯
Linken

但是，北方与南方的战争还在继续，如果这场战争无法获胜，解放奴隶的宣言，也就没有意义。因此，非打赢不可。

虽然北方军已重振了军势，但是战争的情况却不很顺利。林肯为了鼓舞士气，经常骑马到前线去巡视，年轻的兵士看到总统亲临，都很兴奋。

林肯到战地视察。

农妇说的话，充满了一片善意。

　　林肯很受感动，对她说："我想你的儿子是个善良的士兵，我也知道没有一件事比失去儿子更令人伤心的了，我会设法帮助你的。"

　　于是林肯立刻亲自写了封信派人送到前线去，使那位士兵免于遭受死刑。

　　第二天，林肯还派了一辆马车送那位老妇人回乡。

　　他说："我不愿意让一位年轻的军人白白地死去。我希望由下一代的青年负起时代的任务，使得美国更平等、更自由！"

　　南北战争开始以来，已经进入第三年夏天了。

　　夏天开始，格兰特将军率领的部队，节节胜利，一直攻到了毕克堡。这个要塞面临密西西比河，对南军来说，是一处重要的据点。若是攻陷下来，对南军的影响极大。

　　正当格兰特将军率军展开猛烈攻势时，南方的李将军也率领大军直接攻向宾夕法尼亚州。

　　李将军是美国南方最优秀的军人，他的部下，也都是经过千挑百选的战士。

　　华盛顿再度陷入危急状态，但格兰特远在毕克堡，来不及召回支援，因此便派密得将军率领 8.5 万人去迎战。

　　此时南军已打到盖次堡，两军就在此相遇，展开了激烈的争战。当时正值深夜，只见一片火光、炮声隆隆不绝于耳。天亮时，两军的伤亡都很惨重，战场上遗尸遍地，血流成河。

　　第二天的战火，又一直打到太阳下山。

　　第三天中午过后，休息了一早上的南军，突然发动猛烈攻势，战场上一片硝烟弥漫。北军奋不顾身应战，打得天昏地暗，日月无光。

　　到了傍晚，两军都已疲惫不堪，无论是南军还是北军，都只剩下一半的人了。

　　"不能再这样打下去了！"

　　李将军放弃了战斗，开始撤军。北方军也无力再战，看到对方已经停火，倒头便躺在战场上睡着了。等到第二天早上睡

林肯
Linken

南北战争时期林肯在一座军营里

醒，发现没有一个南
军，才知道他们已经全
部撤退了。

　　盖次堡之役，两军
都损失惨重，从此南军
的元气大伤。

　　格兰特将军在毕克
堡之战又打了胜仗。

　　本来已经失望的北
方人，这时才放下了
心，认为这次战争是赢
定了！

　　这年的 11 月 19

南北战争初期的战士

日，政府特地将盖次堡战场的一隅辟为殉战烈士墓，举行追悼仪式。

这天天气晴朗，被血染红的战场，铺满了红叶。 烈士的家族和北方各州来的人，都聚集在此。

礼炮响过之后，典礼隆重开始。 先由合唱团唱诗，接着，由林肯致词："87年前，我们的祖先抱着人类生而平等、自由的信念，建立了这个新国家。 我们现在为了保护这个国家，付出了很大的代价；为了打这场战争，牺牲了不少生命。 现在要将这块曾发生激战的战场，作为这些战士的永眠之地，我们才会聚于此地。

"我们现在在这里所说的话，也许以后会被世人遗忘，可是这些勇士的功绩，将永垂不朽。 我们必须跟在他们之后，完成应做的事。 让这个在上帝护卫之下的国家，重新成为自由的国家。 使"民有、民治、民享"的政治，在这个世界上永存！"

这是一篇著名的演说。 第二天各地的报纸都刊出了这篇演讲词，人民看了，无不为之感动。

不错，民有、民治、民享的政治，才是美国真正的精神。 林肯将这个观念深植在人民心中。只要人类的历史延续下去，就必须继承这种精神。 林肯为了解放黑奴而与南方作战，就是因为南方人忽略了这种精神。

由于广大人民的坚决

战时的迫击炮"独裁者"

要求和战争发展的迫切需要，林肯政府逐渐采取了一些有力措施。 1862年5月20日，林肯签署了《宅地法》。 《宅地法》的颁布和实施使西部的移民日渐增多，激发了人民群众对奴隶主作战的积极性，客观上阻塞了奴隶制向西部的扩展。

1862年8月4日，林肯第二次发出征集30万军队的命令。

这是美国历史上第一次实行义务兵役制，以前征集兵员都是在志愿的基础上进行的。由于战事不利，招募新兵困难重重。一般都是先把所有 18 至 45 岁的男子登记造册，然后抓阄进行征兵，然而抗拒和逃避兵役的现象极为普遍。林肯不得不发布公告：凡抗拒征兵者，一律以军法论处，在其被监禁期间，人身保护法一律无效。

经过几次战役，南北双方在军事上互有得失，但总体上看，北方失利较大，政府的信誉日益下降。为了进一步地广泛动员群众，加速战争的胜利，林肯总统考虑着采取有利于扭转局势的措施。除了颁布《宅地法》以外，林肯又在思考美国历史上最伟大的文献之一——《解放宣言》。

战争开始两年后，南北战争的目的逐渐改变了。最初，林肯是为了要维护国家的统一而作战，如果国家不存在，就不能够解决奴隶问题。但是随着战局的进展，林肯发现如不能解决奴隶问题，就无法维护国家的命脉。因此，后来就转变成为解放黑奴的战争。

林肯透彻了解当时的局势，认定现在是发表奴隶解放宣言的最好时机。

于是，林肯在深夜里动手起草宣言，经过了好几个晚上的修改，才写好稿子。一天，他和国务卿施华德、海军部长威尔斯三个人在一起，林肯告诉他们自己在反复考虑之后得出的一个结论，那就是从军事方面来说，如果不解放奴隶，就有可能被敌人征服，要挽救国家的危机，就得立即下令释放奴隶。

不久，林肯召开紧急会议，宣读了自己悄悄起草的解

1862 年 9 月安蒂特姆之战

放奴隶宣言。 内阁成员们听了极为诧异，他们当中没有一个人知道总统在什么时候独自准备了这篇宣言。 他们静静地倾听着。

林肯读完以后就征求大家的意见。 斯丹德是废除奴隶制的急先锋，第一个抢着发言，表示这是他早就提出过的主张，对此毫无异议。

邮电部长认为，这个问题必须要经过慎重考虑。 在现阶段发表这样的宣言，不仅会在国内引起许多反对的议论，而且对于下年度的总统选举也会产生不良影响。

内阁成员们逐一发表了意见。 林肯默默地听着，不置可否。 当所有人都表达了自己的看法后，林肯总结说，如果不解放奴隶，而保持国家的存在，就不解放奴隶；如果通过把奴隶全部解放，可以维护国家的统一，那么解放奴隶就是必须的。 因为这场战争最后的目的就是国家的统一。

林肯略微停顿了一下，又接着说下去，用缓慢而坚定地语气表达了自己的决心：现在已经不是议论解放奴隶的好处和坏处的时候了。 战争进行到现在已经到了一个关键的时刻，美利坚合众国如果不解放奴隶，就已经到了无法团结的地步。 所以现在□□□□□否应该公之于世的问题；而是请各位□□□□□有不妥的地方。

□□已定，在解放奴隶的问题上已经没□□□□□，国务卿施华德提出，现在公布这□□□□□因为联邦军队的形势正处于一路退□□□□□为这是我们的最后一张王牌了，这□□□□□不利，甚至会起到反作用。 他建议□□□□那样从军事上和道义上都会取得较

盖次堡演说原稿

林肯同意了，把这篇宣言锁到抽屉里，等待前方有胜利的消息传来。 在当时的环境下，发表解放

奴隶的宣言无疑要冒很大的危险，林肯同他的朋友说："解决奴隶制的时机到来时，我确信一定会尽我的职责，哪怕付出我的生命也在所不惜。"

一天，林肯在休养所附近看到许多伤员，心里非常难过。有人安慰他不必这样难受，胜利就在眼前。林肯叹气说："胜利是肯定会来到的，不过来得太慢了。"

9月中旬，前方传来胜利战报，麦克累伦终于在一场战役中击溃了李将军。当天，林肯就在白宫召集内阁会议，认为现在是发表解放奴隶宣言的合适时机了。

有人仍然在犹豫，担心这个宣言的发表将会给南方人民带来惨重的灾难，许多人可能会因此而死于非命。

林肯语调沉痛地对各位说，历史是无法逃避的，现在必须选择是勇敢地挽救这世界上的最高希望，还是让这个希望消失下去。路只有一条，林肯请求大家赞成他的主张，把自由还给奴隶，这是自由人应该遵守的权利和义务。

1862年9月22日，伟大的《解放宣言》发表了。

这一天，许多人都来向林肯祝贺，白宫门口车水马龙，非常热闹。黑人们也成群结队地聚集在白宫门前，但是他们还是有些迟疑，不敢进入白宫去，只是挤在别人后面站在那里。正巧，林肯看见了那群黑人，便大踏步走到那些黑人身边去，高兴地伸出手来和大家握手。

多少年来压在心头的悲痛和今天的高兴，就一起涌现在这些忠厚的黑人们的脸上！他们实在太高兴了，先是高声大笑，终于又放声痛哭起来！在他们泪如雨下的哭声中，响起了这样的声音："愿上帝保佑你，上帝降福给亚伯拉罕·林肯！"

1863年的1月1日，《解放宣言》将在总统签字后开始生效。

这天，白宫里又挤满了道贺的嘉宾。下午3时，国务卿拿着那篇宣言走进总统办公室。林肯说："我的一生中再没有别的事情使我像在这份宣言上签字时那样充满着自傲与自信。 我的名字如果能够永恒地留给后世，恐怕就是因为这份宣言吧。"

细致的林肯还想到，由于从上午起就一直在接见客人，频繁的握手弄得自己手臂僵硬麻木。 如果自己的手在签字时发抖，那么留下的笔迹就会是歪斜的，说不定后人看了会以为自己在解放奴隶的问题上犹豫不决呢。 因此，林肯就在文件上慢慢地签下了字迹流畅而清晰的"亚伯拉罕·林肯"。

最高兴的莫过于那些黑人奴隶了，他们一遍遍地读着文件："各州及区域内所有被视作奴隶的人，从现在起永远获得自由；合众国政府包括陆海军当局将承认并维护他们的自由。"

《解放宣言》作为一份历史性文件发表之后，立即成了有巨大轰动效应的新闻，通过各种媒体和书信传遍了全世界，成为亿万人的关注焦点。

★☆★☆★☆★☆★☆★
★资料链接★
★☆★☆★☆★☆★☆★

解放黑奴宣言

解放黑奴宣言是合众国总统林肯于 1862 年 9 月 22 日颁布的。1863 年 1 月 1 日又正式命令解放奴隶。 黑人没有得到政治权利，也没有得到土地。 但"宣言"中表明林肯政府已从限制奴隶制转变为完全废除奴隶制，把战争放到新的基础上。

1862 年 9 月 22 日，合众国总统曾发出一道宣言，其内容如下：

1863 年元月 1 日起，凡在当地人民尚在反抗合众国的任何一州之内，或一州的指明地区之内，为人占有而做奴隶的人们都应在那时及以后永远获得自由；公众国政府行政部门，包括海陆军当局，将承认并保障这些人的自由，当他们或他们之中的任何人为自己的自由而作任何努力时，不作任何压制他们的行为。

政府的行政部门将于上述的元月 1 日，以公告宣布那些州或那些州的那些地区的人民当时尚在反抗合众国，如果有的话；在那一天任何一州或其人民以大多数合法选举人参加选举出来的代表参加合众国国会，同时没有强有力的反证时，这种事实就是该州及其人民没有反抗合众国的确实证据。

所以现在我，合众国总统阿伯拉罕·林肯，以在反抗合众国政府当局的武装叛变时期被授权为合众国海陆军总司令的职权，作为一个适当的、必须的战略措施以便镇压上述叛变，特于 1863 年元月 1 日，从上面第一次所说之日起至今足足 100 天的期间，根据这样的目的公开宣布现在反对合众国者有如下诸州及某些州的下列地区及其人民：

阿肯色、得克萨斯、路易西安那（除去圣伯尔拿、普拉奎明、哲斐孙、圣约翰、圣查理、圣詹姆士、亚森湘、亚森普欣、得里保恩、拉伐什、圣马利、圣马丁以及奥尔良等郡，包括新奥尔良城在内）、密西西比、亚拉巴马、佛罗里达、乔治亚、南卡罗来纳、北卡罗来纳和弗吉尼亚（除去西弗吉尼亚 48 个郡以及柏克立、阿康玛克、诺珊普顿、依利萨伯、约克、安公主、诺福克等郡包括诺福克和朴茨茅斯两城在内），这些除开的地区现在仍暂时维持本公告发出之前的原有状况。

为了上述的目的，我利用我的职权，正式命令并宣告在上述诸州以及某些州的上述地区以内所有作为奴隶的人现在和今后永远获得自由；合众国政府，包括海陆军当局在内，将承认并保持上述人们的自由。

我现在命令这些被宣布自由的人们，除非是必须的自卫，不得有违法行为；我劝告他们，在任何可能的情况下，他们应当忠实地为合理的工资而劳动。

我进一步宣告在适当条件下，这些人们可参加合众国的军事工作，驻守炮台、阵地、卫戍区域以及其他地区，以及在各种军舰上服役。

我真诚地相信这个举动是一个正义的举动，符合宪法的规定，根据军事的需要。我祈求人类的慎重判断和万能上帝的恩典。

作为证明，我署名于此并加盖合众国国玺。

于华盛顿，1863 年元月 1 日
合众国独立第 87 周年。
阿伯拉罕·林肯
威廉·西华德（国务卿）

卓越的领导才华

林肯在入主白宫以后，不仅要面对南方叛乱带来的危急局面，努力争取在战场上取得胜利，而且在领导集团内部也遇到了许多的麻烦，其中最重要的就是一些高级官员对林肯的不满。

联邦政府中的一些高级官员和军事将领们认为林肯不过是一个来自农村地区的"乡下佬"，他们自己的才华远在林肯之上，不愿服从林肯的领导。然而，林肯以宽广胸襟赢得了这些人的尊敬。人们惊讶地发现，林肯有着一个杰出领导人必需的高超领导艺术。

林肯与获得自由的黑奴一家

新任命的财政部长齐斯不时觊觎着总统的职位，对林肯能够入主白宫感到惊讶认为林肯不过是一位无知的、缺乏礼仪知识的"乡下人"，甚至在背地里煽动人们对总统的不满情绪。齐斯连续 5 次提出辞职申请，想以此来要挟林肯。

在几次的挽留无果后，林肯终于在第五次批准了齐斯的辞呈，但始终认为齐斯是一个很有才能的人。尽管林肯知道齐斯在背后反对他，但是不愿铲除任何异己力量。齐斯辞去财政部长后，林肯又任命他为最高法院的首席法官。

　　施华德具有 20 年的从政经历，管理经验非常丰富。 施华德认为林肯不过是管理过纽萨勒姆的一间小杂货店，而且还管理得非常糟糕，欠下了大量债务。 如果没有林肯，他就是共和党中最有希望竞选总统的候选人了。 于是对于林肯这个"小律师"的当选感到愤懑，自信只有自己才能够挽救美国的危机。 林肯任命他为国务卿，他在接受任命时说："我一定为维护自由、拯救国家而竭尽全力。"暗中却想独揽大权。 许多对林肯不满的人也聚集到他的周围，称呼他为"总理"。

林肯连任总统时发表就职演说

　　林肯上任不久就接到了施华德送来的一份备忘录，言词傲慢无礼，首先批评林肯执政以来没有丝毫成绩，接着以高傲的姿态，指点林肯应该如何管理政府，最后竟大言不惭地提议林肯退居幕后，由他自己来总揽全局。 在美国的历史上，还从来没有一个内阁成员敢向总统提交这样一份"篡权"的文件。

　　林肯非常震惊，与施华德相比，管理经验确实有些欠缺。正是由于需要施华德丰富经验的指导和帮助，才任命施华德为国务卿，没想到自己的谦虚稳重竟换来了施华德的野心。 林肯没有撤掉施华德的职务，相信总有一天事实会说明一切。

　　施华德的傲慢还差点为美国的外交惹来麻烦。 他对英、法等国的一些政策不满，就打算让这些国家就自己的政策向他做出解释，如果觉得解释不够满意就宣战。 林肯觉得这简直是不可思议的荒唐想法，完全是干涉别国内政的行为。可是，施华德拟定了一份打算递交给英国的通知，其中有许多警告和威胁的句子。林肯看到了以后，把其中可能引起严重后果的段落给删除了，还把整个通知的语气修改得委婉许多，从而避免了一场外交上的冲突。

　　起初，陆军部长史坦顿同样看不起林肯，嘲讽林肯是笨蛋、长臂猴，并声称自己绝不愿意与林肯为伍，甚至对人们开玩笑说："人们寻找大猩猩何必千里迢迢到非洲去呢，现在坐在白宫中抓耳挠腮的不就是吗?"林肯听说后，心里也颇为不快，觉得史坦顿实在是太无礼了。

　　另一方面，林肯知道史坦顿绝对忠于国家，富有才华，知识丰富，工作起来就像发动机一样不知疲倦。因此，林肯决心牺牲自己的一部分自尊，委派史坦顿担任陆军部长。按说，史坦顿被林肯委以重任应该感激林肯的知遇之恩才是。然而，史坦顿接受职务以后仍不停地对林肯进行谩骂，甚至拒不执行林肯的指示。

沉思中的林肯

　　有一次，一位议员前去向史坦顿传达林肯的指示，谁知史坦顿居然拍桌子叫起来："假如总统给你这样的命令，那么他就是一个浑人!"那位议员以为史坦顿肯定会因此被革职，可是林肯的反应大大出乎他的意料。林肯听完汇报后，冷静地说："假如史坦顿这样说，那么一定是我的命令中有不妥的地方，因为他的判断几乎都是对的。"史坦顿知道后深受感动，马上去找林肯道歉。自这件事

林肯
Linken

以后，史坦顿对林肯极为尊敬。

有一天，道格拉斯遇见林肯，挖苦地说道："林肯先生，我还记得第一次见到你的时候，你可是一个站在一大堆杂物中卖雪茄和威士忌酒的杂货店老板呀！"

林肯明白道格拉斯的言下之意是讽刺自己出身微寒，但对自己那段艰难的岁月并不引以为耻。因此，林肯极为坦然地说："先生们，道格拉斯说的一点没错，我确实开过一家杂货店，卖些棉花、蜡烛和雪茄之类的小东西，当然，也卖威士忌。我还清楚地记得，那时候的道格拉斯可是我最好的顾客了。不过现在不同了，我早已从柜台的一头离开了，可是道格拉斯先生却依然顽强地坚持站在原地，不肯离去。"

林肯的坦然和幽默说得周围的人都笑起来，道格拉斯自讨没趣，红着脸走开了。

有人批评林肯总统对待政敌的态度太过软弱了，奉劝林肯想办法来打击和消灭这些反对他的政敌们。林肯总是温和地回答说："我难道不是正在消灭政敌吗？当他们成为我的朋友时，政敌就不存在了。"

但是，林肯并不是一味盲目忍让，在一些涉及基本原则的问题上，认准有些事情该怎么办以后，坚定的立场是不容动摇的。在关键时候，会对那些持反对意见的人说："我已经决定了，就这样。"不久以后，人们就意识到了总统决不是他们想象中的那样软弱无能。总统那谦虚和宽容的外表下隐藏着的是一颗魄力十足、果断坚定的心。

后来，史坦顿、施华德等很多原来轻视，甚至辱骂林肯的人逐渐开始尊敬，甚至崇拜他。他们开始全心全意的团结在总统的周围，一起为国家的统一事业做出努力。当林肯在福特剧院被暗杀的时候，史坦顿说："这儿躺着一位有史以来最完美的统治者。"

林肯
Linken

再度连任

战事刚开始时，大家都很兴奋，可是拖到后来，都感到疲惫不堪。 而且因为战争的影响，贸易和商业一蹶不振，人们的生活愈来愈苦。 这样一来，难免有人会发牢骚。

"战争还不结束，这都是林肯的不是！"

1864 年，是林肯担任总统的第四年。 这年秋天，又要举行总统选举。

民主党想在这次选举中获胜，因此四处鼓吹，希望对政府不满的人愈来愈多。

"这场战争，并非全民的意愿！"

民主党四处这样煽动。

林肯的小儿子托马斯·林肯

……就想问鼎白宫，这些人正积

……战争的想法，已经松弛了下

……，如果草草收场，过去的努

……，岂不是死得毫无意义？

……二。

……不拔的样子，但是内心却是痛

在白宫，总统要处理的事每天都堆积如山，除了听取各地来的战争报告以及发布命令之外，还得出席好几个会议。 因此政府官员都担心林肯会病倒。

　　"别担心，我是农家子弟，我的身体像牛一样强壮。"林肯笑着这样说。

　　白宫那种豪华的官邸对林肯来说，实在住不惯。当战争进行得如火如荼时，林肯多半都睡在兵营里，他觉得硬邦邦的木板床比软绵绵的床舒服多了。

美国国会大厦

　　玛莉很讨厌林肯这种不像总统的作风，她一直梦想的舞会，因为战争的关系无法实现，加上爱子夭折，玛莉的心情很恶劣。

　　她觉得自己好像被放逐到华盛顿似的！

　　玛莉的失望可想而知。林肯每天要到三更半夜才能忙完，根本毫无家庭乐趣可言。

　　新的总统选举又开始了，但林肯的声望似乎愈来愈坏。

　　虽然有人认为林肯应该连任，但也有人说该换人了。

　　有人问林肯："你对竞选连任的意见如何？"

　　"我现在要做的事很多，没有时间考虑这些。我必须尽力做好我任内的事，不要给下一任的总统添麻烦。"林肯回答道。

　　1864 年，格兰特将军的军队节节胜利，逐渐把南军逼到南方去了。 南方的农场由于战事的关系，有几万人失业。

林肯常想到战争结束之后，会有许许多多的黑人无家可归，没有工作，也没有食物，不知要如何活下去！

他在心里计划着将来的一切，根本无暇想到竞选连任的事。

6 月，共和党在马里兰州的巴尔的摩举行大会，推选总统候选人，林肯再度获得提名。 共和党方面考虑再三，知道这正是重要的战争期间，另外换人十分冒险。

民主党提名的，是麦克雷蓝将军。 他在战争初期曾出任总司令，因与林肯意见不合而去职。 他从那个时期起，便有当总统的意愿，因此一直在批评林肯的施政。

李将军宣布投降

麦克雷蓝已经到各处举行巡回演说；但是林肯无法离开华盛顿，根本谈不上任何竞选活动。

在战场上，格兰特将军发动了最后攻击，准备一举使南军崩溃。

10 月，北军逼近了南方的首府瑞奇蒙德。 这样一来，林肯的声望又回升了，因为没有人愿意在这个时候更换总统。

11 月投票的结果，林肯再度当选。

当大家获悉林肯再度连任总统时，都聚集在白宫前面欢呼。

　　林肯在政坛上虽有很多政敌，但是所有的民众，都是他的朋友。

　　林肯出现在讲台上，向广场的群众说："承蒙大家信赖我，再度选我，我很感谢。我不是庆幸自己的再度当选，而是深深地感谢大家在追求平等、自由这方面对我的支持和鼓励！"

　　瑞奇蒙德之役一直持续到冬天，李将军已经是欲振乏力了。

　　1月1日，南军的败象日显，北方人都以乐观的心情迎接1865年。

　　3月4日，举行总统就职典礼。

　　这天是个阴雨天，由于此时正处战争期间，一切均以简单隆重为主。但国会大厦前的广场上，依然有几万人在观礼。

　　林肯依例在宣誓就职后，发表就任演说："各位，我们对任何人，均不可怀有恶意，要努力地以爱和正义来完成现在我们所从事的工作。

　　我们对这次战争中受伤的人，将予妥善治疗。对于从战场上作战归来的，失去丈夫的，失去父亲的人民，一律要给予照顾。同时，我们要尽一切努力，在美国的每一个国民之间，以

1865 年 4 月 9 日南军统帅投降，结束南北战争

及世界各国之间，建立起永远的和平。"

林肯以这篇简短的演说，告知南方的人，战争结束之后，会给他们妥善的安排。

1个月之后，北军攻下了瑞奇蒙德。李将军率领残兵退到南方去。南方政府则迁移到丹威利。

林肯接获消息，立刻坐船到瑞奇蒙德。南军在逃离之前，曾纵火烧毁这个城市。林肯在船上，触目所及，都是断垣残壁。好不容易在一处尚未烧坏的码头靠岸。

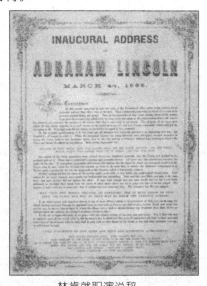

林肯就职演说辞

刚上岸不久，附近的半毁民房中，跳出了十几个黑人，其中一位看见了林肯，高声大叫："啊！你是林肯，是除去我们铁链的人！"

他那洪亮的声音，立刻引来了更多的黑人。大家围着林肯，流着眼泪跪在他面前，头顶在他的鞋子上。

"请不要这样，这是对神的礼节。"

林肯要大家站起来。于是黑人们手拉手围成一圈，以他们特有的歌喉，唱出了赞美歌。歌声里充满了喜悦与感激。

林肯对他们说："大家都已经自由了！像风一般的自由。奴隶这两个字从此以后将绝迹。大家要珍惜神所赐给你们的自由，努力向上，让全世界的人都知道你们也是了不起的人。你们要尊重法律，遵守神的戒律，感谢神赐给你们自由。"

4月9日，李将军终于在弗吉尼亚州的阿堡玛托斯投降。战争至此正式结束，前后整整打了4年。

战争结束，最高兴的是林肯本人。

林肯
Linken

连任总统就职演讲词

各位同胞：

在这第二次的宣誓就职典礼中，不像第一次就职的时候那样需要发表长篇演说。在那个时候，对于当时所要进行的事业多少作一些细的说明，似乎是适当的。现在 4 年任期已满，在这段战争期间的每个重要时刻和阶段中——这个战争至今仍为举国所关怀，还且占用了国家大部分力量——都经常发布文告，所以现在很少有什么新的发展可以奉告。我们的军事进展，是一切其他问题的关键所在，各界人士对此情形是跟我一样熟悉的，而我相信进展的情况，可以使我们全体人民有理由感到满意和鼓舞。既然可以对将来寄予极大的希望，那么我们也就用不着在这一方面作什么预言了。

4 年前在与此同一场合里，所有的人都焦虑地注意一场即将来临的内战。大家害怕它，想尽了方法去避免它。当时我正在这里作就职演说，竭尽全力想不用战争方法而能保存联邦，然而本城的反叛分子破坏联邦——他们力图瓦解联邦，并以谈判声称反对战争，可是有一方宁愿打仗而不可接受这场战争，而不愿国家灭亡，于是战

我们全国人口的 1/8 是黑奴，他们并非遍布整个联邦，而是局部地分布于南方。这些奴隶构成了一种特殊而重大的权益。大家知道这种权益可说是这场战争的原因。为了加强、保持及扩大这种权益，反叛分子会不惜以战争来分裂联邦，而政府只不过要限制这种权益所在地区的扩张。当初，任何一方都没有想到这场战争会发展到目前那么大

走在平民中的总统林肯

的范围，持续那么长的时间。 也没有料到冲突的原因会随冲突本身的终止而终止，甚至会在冲突本身终止以前而终止。 双方都在寻求一个较轻易的胜利，都没有期望获致带根本性的和惊人的结果。 双方念诵同样的圣经，祈祷于同一个上帝，甚至于每一方都求助同一上帝的援助以反对另一方，人们竟敢求助于上帝，来夺取他人以血汗得来的面包，这看来是很奇怪的。 可是我们不要判断人家，免得别人判断我们。 我们双方的祈祷都不能够如愿，而且断没全部如愿以偿。 上苍自有他自己的目标。 由于罪恶而世界受苦难，因为罪恶总是要来的；然而那个作恶的人，要受苦难——假使我们以为美国的奴隶制度是这种罪恶之一，而这些罪恶按上帝的意志在所难免，但已经持续了他所指定的一段时间，他现在便要消除这些罪恶；假使我们认为上帝把这场惨烈的战争加在南北双方的头上，作为对那些招致罪恶的人的责罚，难道我们可以认为这件事有悖于虔奉上帝的信徒们所归诸上帝的那些圣德吗？我们天真地希望着，我们热忱地祈祷着，希望这战争的重罚可以很快地过去。 可是，假使上帝要让战争再继续下去，直到250年来奴隶无偿劳动所积聚的财富化为乌有，并像3000年前所说的那样，等到鞭笞所流的每一滴血，被刀剑之下所流的每一滴血所抵消，那么我们仍然只能说："主的裁判是完全正确而且公道的。"

我们对任何人都不怀恶意，我们对任何人都抱好感，上帝让我们看到正确的事，我们就坚定地信那正确的事，让我们继续奋斗，以完成我们正在进行的工作，去治疗国家的创伤，去照顾艰苦作战的志士和他的孤儿遗孀，尽力实现并维护在我们自己之间和我国与各国之间的公正和持久的和平。

林肯属于一切时代

林肯逝世后，几乎所有的都市和乡村都响起了哀鸣的丧钟，处处都挂满了黑纱与黑色的饰物。 沉浸在悲哀之中的人们从四面八方赶来瞻仰林肯的遗容。

　　1865 年 5 月 4 日，林肯的灵柩由华盛顿送到他的家乡伊利诺斯州斯普林菲尔德的橡树岭公墓安葬。 路线正是 4 年零 2 个月前林肯赴任时所走过的道路，沿途各站都站满了悲痛、哀悼的人群。 人们将永远怀念他一生的生活及其意义和光辉。

　　在全国人民的哀悼声中，亚伯拉罕·林肯走完了他的一生。 他是美国伟大的民主主义政治家。 他出身于社会底层，具有勤劳、俭朴、谦虚和诚恳的品格。 在国家危难之时担当一国之主，为美国的

林肯纪念堂

发展流尽了最后一滴血。 在任职期间，由于各种反动势力的影响，政策上有过踌躇和动摇，但在人民群众的支持和推动下，能够顺应历史潮流，最终签署了著名的《解放宣言》，解决了当时美国社会经济政治生活中存在的主要矛盾。 在 4 年内战中，领导联邦政府同南部农场奴隶主进行了坚决的斗争，维护了国家的统一，有力地推动了美国社会的发展。

　　全美国以至全世界在当时和以后都对林肯给予了高度的评价。 有人说，他是"历史的奇迹"；有人认为，他是"新时代的国家统治者的楷模"。 林肯的故事和传说开始在全世界广泛传播。 俄国作家列夫托尔斯泰说，林肯由于具有独特的精神力量和伟大的人格而成为世界人民心目中的传奇人物。 他的地位相当于音乐中的贝多芬、诗歌中的但丁、绘画中的拉斐尔和人生哲学中的基督。

　　马克思认为，林肯"是一个不会被困难所吓倒，不会为成功

所迷惑的人；他不屈不挠地迈向自己的伟大目标，从不轻举妄动；他稳步向前，从不后退；他既不因人民的热烈拥护而冲昏头脑，也不因人民的情绪低落而灰心丧气；他用仁慈心灵的光辉缓和严峻的行动，用幽默的微笑照亮为热情所蒙蔽的事态；他谦虚地、质朴地进行自己宏伟的工作，决不像那些天生的统治者们那样做一点点小事就大吹大擂。 总之，他是一位达到了伟大境界而仍然保持自己优良品质的罕有的伟人。 这位出类拔萃和道德高尚的人竟是那样谦虚，以致只有在他成为殉难者倒下之后，全世界才发现他是一位英雄"。

林肯曾说过："我们无法逃避历史的公论。 不管我们是否愿意，后世的人将不会忘记我们。 不管我们地位是否重要，谁也逃不了责任。 严格的历史裁判将决定我们千秋万世的声誉：是光荣还是耻辱。"事实证明了林肯的名言。

正是因为有了林肯，美国的黑人奴隶才得到了解放；正是因为有了林肯，美国作为一个统一的联邦制国家得以延续；正是因为有了林肯，才有了现在这个繁荣强大的世界第一强国。

★★★★★★★★★
资料链接
★★★★★★★★★

（这是林肯1
上发表的演说，是

87年前，我们
国家以自由为理想

目前我们
正在进行一场
伟大的国内战
争。 我们的国
家或任何一个

拉什莫尔山国家纪念碑

175

Linken 林肯

有着同样理想与目标的国家能否长久存在，这次战争是一场考验。现在我们——在这场战争的一个伟大战场上——聚会在一起，将这战场上的一小块土地奉献给那些为国家生存而英勇捐躯的人们，作为他们最后的安息之地。我们这样做是完全适当的、应该的。

然而，从深一层的意义上说来，我们没有能力奉献这块土地，没有能力使这块土地变得更为神圣。因为在这里进行过斗争的、活着的和已经死去的勇士们，已经使这块土地变得这样圣洁，我们的微力已不足以对它有所扬抑。我今天在这里说的话，也许世人不会注意也不会记住，但是这些英雄的业绩，人们会永世不忘。

我们后来者应该做的，是献身于英雄们曾在此为之奋斗、努力推进但尚未完成的工作。我们应该献身于他们遗留给我们的伟大任务。我们的先烈已将自己的全部精诚赋予我们的事业，我们应从他们的榜样中汲取更多的精神力量，决心使他们的鲜血不至白流。在上帝的护佑下，我们的国家将获得自由的新生。我们这个民有、民治、民享的政府将永存于世上。

悲哀的结局

华盛顿全市充满了欢欣，不管是白天还是晚上，每天都有乐队领头的游行队伍到白宫来。每一列火车进站，都有无数举着小旗子的外州人，这些人一路上欢呼着走向白宫，向林肯致意。林肯每天都要到阳台上挥手答礼好几次。

要迎接从战场荣归的士兵，火车站内更是挤得水泄不通。

玛莉与两个儿子

4月14日下午，白宫正在举行幕僚会议时，格兰特将军回来了，会议变成了欢迎会。

林肯一见到格兰特，便紧紧地握住了他的手。

"谢谢你！"

"哪里……"

他们两个只说了这两句话。 在南北战争期间最辛苦的两个人，彼此最为了解，无需多说什么。

之后，林肯带着玛莉坐马车到郊外去。

自从来到华盛顿之后，这是他们夫妇两个第一次单独出游。在春光明媚的郊外，两个人谈了很多，提起了肯塔基州、伊利诺州、春田镇上的亲朋故旧，尤其是好朋友汉顿……令他们怀念的事太多了！最后他们谈到了两个孩子的教育问题。

5年以来，林肯现在才像个父亲。

"我们还要在华盛顿住4年。"

林肯想要趁这段期间，好好重享天伦之乐。

"这4年中，我想到伦敦、巴黎去旅行。"玛莉说。

福特剧院

"4年很快就会过去，然后我们再回到伊利诺去，过平静的生活，我再回去做律师，为农民服务……"

　　他们回到白宫，已是黄昏时刻。夫妻俩和劳勃特、汤玛斯两个孩子吃了顿愉快的晚饭。

　　当晚，玛莉想到福特剧场去看戏，林肯觉得很疲倦，但是拗不过玛莉，只好陪她去。剧场就在白宫附近，两个人带着拉斯文少校，徒步走向剧场。

　　他们入场时，戏剧已经开始。场内观众客满，有许多市民和退伍的士兵。

　　当总统夫妇出现在二楼的观众席时，大家都热烈鼓掌以示欢迎。舞台上的演员也暂停演戏，跟着鼓掌致敬。

　　以后的2小时中，林肯和玛莉聚精会神地看戏，忘记了一切。没有人发现，正有一个人鬼鬼祟祟的人挨近林肯的背后。

　　这是一个留着长发的年轻人，他掏出了手枪，从背后瞄准了林肯的头部……

　　"砰！"

　　林肯的身体往前晃了一下，滑落在椅子下。

　　拉斯文少校立刻跳起来追那名凶手，但是凶手取出小刀，挣脱了拉斯文少校的追赶，从二楼的窗户跳下，正好跳在他早就预备好的马背上，在黑暗中跑掉了。

　　这是南方来的人，特地来刺杀总统的。

　　"总统遇刺了！"

　　"总统遇刺了！"

　　剧场内一阵骚动。大家七手八脚把林肯抬到剧院对面的房内。医生立刻赶来，可是子弹已经穿入脑部，无法挽救了！

　　"亚伯……亚伯……"

　　玛莉哭得死去活来，频频呼唤着林肯的名字。

　　但是林肯一动不动地躺着，只剩下微弱的呼吸。两个孩子，劳勃特和汤玛斯，以及政府官员全都赶来了，林肯在这些人的守护之下，第二天早上停止了呼吸。

林肯在福特剧院被刺杀

国务卿休瓦特也在同一个时候遇刺。但是休瓦特较为幸运，他受了重伤，保住了性命。

这天是 1865 年 4 月 15 日，亚伯拉罕·林肯享年 56 岁。

当噩耗传出时，全美国都陷入了悲哀之中。

即使是反对林肯的人，也都对这位支撑着美国的伟人之死感到惋惜。

伊利诺州开拓地的每个农民，个个伤心流泪，那些由林肯赐给他们自由的黑人，

林肯墓

林肯

Linken

更是呼天抢地，痛哭不已。

林肯的尸体在玛莉和两个孩子的护送下，运回春田。5月4日那天，林肯被安葬在他原先经常去散步的丘陵上。这个地方，正是他死去的次子的墓地。

亚伯拉罕的一生，就此落幕了！

在肯塔基森林中出生的林肯，具有大自然一般的个性，从不说谎骗人。他爱自由、和平，也爱所有的人，在他人生的最后几年，全力贡献于解放奴隶运动，为维护正义而心力交瘁。

自由平等，是美国建国时的理想，林肯为了不使这个理想从美国消失，努力开出一条美利坚合众国所应走的路。

他的成就像一座灯塔，不仅照亮了美国，也引导着全人类。

★✦✦✦✦✦✦★
★知识链接★
★✦✦✦✦✦✦★

林肯总统的基督信仰与"治国方略"

在把基督信仰作为立国之本的美国，有一位伟大的林肯总统，俄国的托尔斯泰在林肯遇刺后评论说，林肯由于具有"独特的精神力量和伟大的人格"，已经成为世界人民心目中的传奇人物。

南北战争期间，林肯的下属建议林肯向上帝祷告，求上帝站在他们这一边。林肯回答说："不，不是要求上帝站在我们这一边，而是我们要站在上帝的一边。"一句话，道出了对基督信仰的真谛。因为上帝就是真理，站在上帝一边就是站在了真理的一边，就会胜过邪恶的势力。

林肯总统出身寒微，上帝却把他从"木头小屋"，升做白宫主人。据其挚友李德牧师说："他在白宫，天天祈祷，从不间断。"又据和其有深交的纽约论坛报的布鲁克先生说："林肯读经祈祷，谨守勿辍。"

林肯总统曾痛论时弊说："我们从天父得到最大的恩惠，立国以来，和平康乐，无论在人口上、财富上、国势上，日进月盛，远超他国。但是我们却忘恩负义，忘记了上帝！忘记了是他的恩手保佑我们，使我们国泰民安，民富国强。他们又复存了虚妄的心，以为这都是靠他们的聪明和德行所创的业绩。"他又说："我们沉迷于自己的成就，沾沾自喜，自满自足，从而以为无需上帝的救恩与护佑；利禄熏心，狂傲自负，不向造我们的上帝感恩祈祷。"林肯总统之言，正可令我们深切反省！历史上许多朝代的倾覆，国家的沦亡，尤可作我们的殷鉴。

传说中的林肯

林肯总统又根据他从政切身体会的经验，制订"治国方略"：

1. 欲谋繁荣，不可废弃俭德。

2. 扶助小民，不可打倒伟人。

3. 激励弱者，不可削弱壮士。

4. 优惠工人，不可奚落雇主。

5. 救济贫民，不可消灭富人。

6. 祛除烦恼，不可借着挥霍。

7. 增进同胞之爱，不可煽动阶级仇恨。

8. 欲谋安居乐业，不可专靠借债度日。

9. 进德励志，不可消除独立创造之心。

林肯是美国南北战争期间的总统，也是拿出坚定主张防止美国南北分裂为两国的人。他的仁慈、智能和卓越的能力，使他成为美国历史上最受爱戴的领袖，也是至今美国人仍然念念不忘、引以为荣的伟大人物。

林肯年表 ————————

1809 年　出生在一座简陋的小木屋。

1816 年　7 岁,全家被赶出居住地。

1818 年　9 岁时,年仅 34 岁的母亲因病去世。

1827 年　18 岁,亲手制作了一艘摆渡船。

1831 年　22 岁,经商失败。

1832 年　23 岁,竞选州议员落选,想进法学院学法律,但进不去。

1833 年　24 岁,向朋友借钱经商,年底破产.接下来花了 16 年,才
　　　　把这笔钱还清。

1834 年　25 岁,再次竞选州议员,当选。

1835 年　26 岁,订婚后,未婚妻病逝。

1836 年　27 岁,精神完全崩溃,卧病在床 6 个月。

1838 年　29 岁,努力争取成为州议员的发言人,没有成功。

1840 年　31 岁,争取成为被选举人,落选了。

1843 年　34 岁,参加国会大选,又落选了。

1846 年　37 岁,再次参加国会大选,这次当选了。

1848 年　39 岁,争取国会议员连任,失败了。

1849 年　40 岁,想在自己州内担任土地局长,被拒绝了。

1854 年　45 岁,竞选参议员落选。

1856 年　47 岁,在共和党的全国代表大会上争取副总统的提名,
　　　　得票不到 100 张。

1858 年　49 岁,再度参选参议员,再度落选。

1860 年　51 岁,当选美国总统。

1864 年　55 岁,连任美国总统,美国南北战争北方军取得胜利。

1865 年　56 岁,被枪杀在福特剧院的剧场。